宋刊慶元府雪竇明覺大師集

[宋] 釋重顯 撰

中國書店

圖書在版編目（CIP）數據

宋刊慶元府雪竇明覺大師集 /（宋）釋重顯撰. —
北京 ：中國書店，2021.5
（高士雅集叢書）
ISBN 978-7-5149-2756-6

Ⅰ. ①宋… Ⅱ. ①釋… Ⅲ. ①禪宗－中國－宋代－文集 Ⅳ. ①B946.5-53

中國版本圖書館CIP數據核字(2021)第027732號

宋刊慶元府雪竇明覺大師集

[宋] 釋重顯　撰

責任編輯：劉深

出版發行：中國書店
地　　址：北京市西城區琉璃廠東街115號
郵　　編：100050
印　　刷：藝堂印刷（天津）有限公司
開　　本：787毫米×1092毫米　1/16
版　　次：2021年5月第1版　2021年5月第1次印刷
印　　張：17
書　　號：ISBN 978-7-5149-2756-6
定　　價：95.00元

内容提要

禪宗，是中國佛教的六大宗派之一，『禪』字，梵語『禪那』，意爲坐禪或静慮，包括修定和智慧兩個方面。禪宗興起于中唐而盛行于晚唐五代，其暢行，始于道信、弘忍所開創的『東山法門』，發展到六祖慧能的『頓悟法門』時，更是呈現异峰突起之勢，風靡一時。其中南岳懷讓和青原行思兩系至唐末五代間又衍生出了潙仰、臨濟、曹洞、雲門、法眼五宗。此集的作者雪竇重顯，就是雲門宗僧人，法系爲雲門文偃—香林澄遠—智門光祚—雪竇重顯。

雪竇重顯（九八〇—一〇五二），字隱之，法號釋重顯，遂寧（今四川遂寧）李氏子。二十三歲父母去世後，于益州普安院出家，後跟隨雲門宗傳人智門光祚參學五年，盡得真傳。其一生經歷了出家、游歷、得道、弘法四個階段，足迹遍布四川、湖南、湖北、江西、安徽、江蘇、浙江等地。晚居明州（今浙江寧波一帶）雪竇山資聖寺，大倡宗風三十一年，故被稱爲『雪竇重顯』。其教化人，全以開啓智能、覺悟本性爲務，將歷代公案整理分類，時刻提示開導，循循善誘，以便學人能够得門而入，有法嗣弟子八十四人，皇祐中賜號明覺大師，有『雲門中興之祖』之稱。其一生留下了很多詩文頌偈，據呂夏卿《明覺大師塔銘》記載，他的弟子惟益、文軫、圓應、文政、允誠、子環等人將其『相與裒記提唱語、詩、頌爲《洞庭語録》《雪竇開堂録》《瀑泉集》《祖英集》《頌古集》《拈古集》《雪竇後集》，凡七集』。

此集包括雪竇和尚明覺大師頌古集一卷、雪竇和尚拈古一卷、雪竇和尚明覺大師瀑泉集一卷、慶元府雪竇明覺大師祖英集二卷。《頌古集》爲其頌舉前代禪宗公案的故事，凡百則，以韵文形式評誦。《拈古集》卷前有參學小師允誠、思恭序文，爲拈提前代公案的故事，共一百餘則。《瀑泉集》卷前有參學小師圓應之序及《明州軍府官請住雪竇疏》《蘇州在城壇越請住翠峰疏》《蘇州僧正并諸名員疏》三篇，收録爲其接引學人的公案，近百五十則。《祖英集》爲其詩作，前有文政序，共收録詩作近三百首。主要爲吟誦先德言句和感興懷別之作，其詩情景交融，境界高邁，獨具機杼。如《送僧二首其一》詩云：

紅芍藥邊方舞蝶，碧梧桐裏正啼鶯。

離亭不折依依柳，况有春山送又迎。

此本爲宋刊本，護頁有題簽一枚，書『宋板雪竇語録 泰興季氏秘笈芥瓶寶藏隴西李福題』，卷端有『季振宜藏書』『臣鏞』『鐵琴銅劍樓』等朱印，刊刻精良，字畫方勁，序與正文相連。遵王錢氏所藏衹有《祖英集》一種，此其全帙也。《頌古集》後有『參學仙都沙門簡能校勘』一行，《祖英集》後有『四明洪舉刊』一行。每半頁十一行，行二十字，『廓』字减末筆，當是寧宗後刻本。據《鐵琴銅劍樓藏書目録》卷二〇著録可知此本經季振宜、瞿鏞鐵琴銅劍樓遞藏，十分珍貴，今藏中國國家圖書館。

民國間涵芬樓《四部叢刊》續編集部卷五十七收録《雪竇四集》，即據此本影印。除此宋本外，還有現藏日本東洋文庫、成簣堂文庫、大東急紀念文庫的五山版，爲日本正應二年（一二八九）據中國傳本進行的翻刻，其版式、内容、字體均完全一樣，當出自同一底本。此外各版本的《大藏經》均收録《雪竇明覺禪師語録》六卷，包括《住蘇州洞庭翠峰禪寺語》《住明州雪竇禪寺語》《明覺禪師後録》《拈古》

《明覺禪師瀑泉集》《明覺禪師祖英集》上、下，與宋本内容上有較大差异，形成一套獨立的藏經版本體系而演變流傳。

中國國家圖書館　馬琳

二〇一九年八月二十日

目録

慶元府雪竇明覺大師祖英集上

參學小師　文政　序

師之形言也且異乎陽春白雪碧雲清風者也夫大圭不琢貴乎天真至言不文尚於理實乃世之衡鑑豈智識而擬議哉師自庆止翠峯雪竇或先德言句淵密師因而頌之或感興懷別貽贈之作固亦多矣其有好道者並録而囊之一日揔緝成二百二十首乃寫呈師師曰余偶興而作寧存于本不許行焉禪者應曰乃祖闡千載之芳烈也勿輕舍諸師察其懇志勉弗獲已抑而從之文政幸侍座机輒述序引用識歲時

炎宋天聖十年孟陬月謹序

送寶相長老 并序

大師歡禪德嗣赴丹丘辟命光闡宗乘益時應必行
固不可抑留者也且撫會之作肇曠絶之道雖一凝
一流一彼一此又何間然率織蕪辭以代責別

奧域靈區存物外獨標台嶺爲絶槩掩勝潛奇列作
屏堆青寫碧深如黛形霞暖影生巖壁香桂茂陰籠
薜石赤松子也浪虛閑白道猷兮大輕擲曹溪有叟
歸其中風從虎兮雲從龍乘興正值二三月半斷還
依千萬峯花飛飛日遲遲清飈颼颼吹無時玲瓏八
面自回合峭峻一方誰敢窺窺來須得乾坤眼照古

騰兮謂非間若能此去副全提闡發人天有何限

送法海長老

常愛裴相國式芳塵斷際高風慕運倫擬欲事師爲弟子不知將法付何人常愛李相國垂列星欒嶠深源宅性靈我來問道無餘說雲在清霄水在缾細想當時二台輔出鎮藩維訪諸祖寥寥浮幻輕百年落落宏規照千古今聞仙都賢太守入政褰帷聲浩〻英佐一一分化條文經武緯亦難討遠遠戕函飛乳峯選開士兮恢吾宗覿夜光非震滄海聆正音豈玩焦桐徒誇麟龍自西自東應排罔象得象必須覺雄讓雄兮既塞請還也奇别茫茫普熱紛紛下雪倒流

四河載發枯枿卷舒立方外乾坤蹤横挂域中日月
黄頭碧眼知來知去去憑誰繼清絶

送文政禪者

古有焦桐音聽寡不在彈古有陽春曲和寡不在言
言兮才齒寒未極離微根彈兮歲月闕未盡昇沉源
少林幾坐花不落庾嶺獨行天地寬因笑仲尼溫伯
雪傾蓋同途不同轍麟兮鳳兮安可論許兮巢兮後
何說秋光澄澄蟾印水秋風蕭蕭葉初墜送君高蹈
誰不知如曰不知則爲貴

送昭敏首座

君不見鷲峯勝集百萬茫茫等閑遇壞衲之外皆清

憧君又不見熊嶺孤運歲月索索艱難生深雪之中有一箇宛轉流落千餘年危分嶮布空平闐弁龍蛇兮眼何正擒虎兕兮機不全石窻四顧滄溟窄家家不許白雲白掣斷金鏁天麒麟高舉鐵鞭擊三百猶輕含爭知世別有七星光鬪射風前把欲贈行人將報不平遠天下

送知白禪者

松一不直棘一不曲誰笑卞和三獻玉經天緯地太無端邁古超今亦輕觸靡羈束何必云素範還〻真規復復旃檀葉落香風清千里萬里長相逐

送勝因長老

黃梅散席三百載續熖聯芳事空在宗兮派兮生異
端花兮葉兮太煩碎韶陽間出多慷慨權要雄雄曾
絕待曲木據位知幾何利刀翦却令人愛近還有箇
披老衲楚甸横身風颭颭鐵作一尋非等閑壁立千
仞須摧蹋報君知江南江北徒纍纍勢轉海運兮纖
鱗片甲雷奔電驅兮寸毫尺氂斯言勿謂存規矩平
不留兮險非取周行獨立如便休誰振宗綱照千古

送重鄧禪者

春雨如膏春雲如鶴忽此忽彼乍休乍作枯荄離離
雛鳳太遲幽石片片逸空亦危一花五葉兮不相似
獨孤明兮還自知還自知歷魏游梁徒爾爲

送僧歸靈隱 因囑白雲無覊

白雲無覊吟淡清奇雪格未可鶴態還畢垂天沃日兮似結不結爲雨從龍兮後期必期噫悠悠忽爾春風吹南北東西唯我知誰知菡萏峯前布影時

送僧之石梁

萬卉流芳不知春力巖畔澗下蹙紅皺碧乘輿復誰同孤蹤遠讎敵君不見五百聖者導雄機靈峯晦育深無極寒山老寒山老隨沉跡迢迢此去須尋覓花落花開獨望時記取白雲抱幽石

送師旻禪者

深巖寂寂披蘭芷碧霧紅霞映流水空生別我期未

期絕域殊方擬輕擬堪笑歸嶺南奔馳何鄙彼危急
亂拋下盡云提不起伊予本自不將來相送奚憑甚
唇齒旻禪客旻禪峇師子子應須落落存終始君不
見古人有言兮撲碎驪龍明月珠大丈夫到如此行
行不用頻彈指

寄白雲長老

八紘雲靜明寥泬夜永松堂對寒月凋殘片葉墜虛
庭冷寂何人立深雪因憶錢唐部禪者十載巖栖曾
未下分飛誰謂絕相同遠念冥冥欲奚爲忽聞赴請
之仙都聲光藹藹登清途孰云天驥驟方外自笑大
鵬離海隅乾坤窄乾坤窄湛盧潛射斗牛白茫茫無

限未歸人到必爲時除鼎額

送智還首座

雲蘿杳杳藏巖曲碧疊清飛冷相促瘦藤輕衲休便
休短焰殘芳續何續禪家本自宜羇絆洲渚園林曾
不憚十影神駒立海涯五色祥麟步天岸君看取君
看取匝地茫茫有誰舉領觀頻磨始未回爲吾深憶
盧公語

送善還首座

名之基實之蒂深兮固兮宛相繼古之名也在希聲
今之實也同浮翳子州善卷之流也堯驅舜馳讓無
暇歸去來兮歸不歸到頭未出冥冥者吾徒孰謂標

奇絶動靜憑君試甄别葉零零兮秋暮半凋花片片兮春暖齊發還禪老還禪老意曾高曠排沽待忽致譏襃天人列請兮屢拈笑祖佛位畀兮還擬逃我恐逃之逃不得大方無外皆充塞茫茫擾擾知何極八面香風惹衣祴

送僧

吴山碧楚江碧吴楚悠悠興何極一尋寒木自爲鄰三事秋雲更誰識乾坤不是無知已玉石休云辨眞僞待時沽譽漫淪生晦跡韜光亦何意春風急春風急八駿奔馳追不及南北東西把定時爲君直上孤峯立觀氣分拔非獨古有識之言也

頌藥山師子話送僧

尾愬金毛師子子栴檀林下青莎裏也置也威自全一出六出眉剔起非擬擬知幾幾星流不問三千里天外風清哮吼時爲君吸盡西江水 咄

送秀大師

巖竇宵寒擁山帔月高古木霜禽睡西庵禪者來扣門別我凌晨下層翠欲留不可留寫意不及意盈眴迢迢安足云花偈聯聯太容易君不見劉陽叟絶希蕢送人只遺無他事行行會有知音知何必清風動天地

送廣華巖歸鷲峯

海山孤僻非蓬島雲霧冷雲深松桂老有客凝冬何太高巨野宵征苦相討巖房杳杳凌寒空冰霜落落分譚叢誰云百城沉古月自笑八面生清風俄然別我還歸去惠理之徒望回馭重重無盡樓閣門到必爲時略輕據

送遠塵禪者

衲卷殘雲風高絕鄰倚天照雪堪抗要津八絃極目兮春山若黛九野縱步兮汀草如茵三十四老未輕識凜然方外奚相親

送德隆山主

霜葉凋殘巖風凜寒彼之禪老忽下崇巒衲有雲兮

曾卷未卷琴無絃兮解彈不彈迢迢既行宜聽斯語明暗路岐生死洲渚而今而後知不知頹綱委地憑誰舉

送澄禪者

春色依依襲爾原草春風浩浩拂我愁腸念此分飛贈無瓊玖片片亂飄巖上梅條條縱舞溪邊柳澄禪澄禪聽斯言古也今也行路難知之者石火星流未急不知者龍驤步驟曾覓看看孰云平地起波瀾

送惠儔禪者

少林風規何太蕭洒籠古罩今睥眞睨假誰云發機射虎自笑品類觀馬劍客莊莊不要呈甑人往往須

擔下詩禪詩禪崢嶸象鶴

送惠文禪者

正法眼絕塵沙二三四七水月空花千燈續燄曾聞五葉分披未葩君不見卷簾百丈掩耳丹霞龍行虎步爭孤立盡同雲雨去無涯文禪文禪騰煥吾家

送道成禪者

曹溪流非止水一點忽來千波自起直須釣鼇釣鯨莫問得皮得髓君不見石頭有言兮聖不慕他靈不在已成禪成禪誰家之子

送清濱禪者

我年老大心力衰微贈別無語宜同振飛因思古之

送人有言吾不知其殊途同歸獨愛新豐曲騰清輝

寸草不生千萬里出門春色共依依

送繼寶禪者

寶非寶日杲杲上上機無處討赤水求來何太狂荊

山覔得苦相惱不惱不狂排夜光險惡道中爲津梁

送小師元楚

道之宜機一何相守汝競光陰我親蒲柳毋厚弃之

奪席毋薄愚之誦篇深思彼伐木丁丁之聲照古照

今兮宜善求友

送清杲禪者

春雨濛濛春風颰颰動兮靜兮匪待時出雲霞閑澹

作性金鐵冷落爲骨知我者謂我高蹈世表不知我者謂我下視塵寰道悠隨方情馴羇鎖紫栗一尋青山萬朶行行思古人之言無可不可南北東西但唯我

酬行巖長老

黃金爲骨松爲姿道高曾鄙天人師有言遺我千古奇無人知石虎吞却木羊兒

至人不器

譁當機舉不賺亦還稀擢殘峭峻銷爍玄微重關曾巨闢作者未同歸玉兎乍圓乍缺金烏似飛不飛盧老不知何處去白雲流水共依依

因事示衆

石本落落玉自碌碌古之今之一何誓速師予不咬
麒麟猛虎不食伏肉君不見洞庭孤島煙浪深未馮
追風有人識

日暮游東澗 五首

極目生晚照溪雲偶成朶大朴曾未分青山自唯我
極目生晚照遠樹籠微陰誰知清淺流別有滄海深
極目生晚照幽情眷蘭芷白蘋葉裏風不在秋江起
極目生晚照步影何遲遲歸禽古木中相對頻相窺
極目生晚照蓬萊匪仙境釣得十二鼇重來謝孤影

思歸引 三首

一住翠峯頂兩見溪草綠不知朝市間幾番生榮辱

蕭條巖上雲冷淡水邊竹報誰歸去來向此空踟躕
常憶在廬山隨時寄鉢錫五百與一千聚頭同遣日
猿攀影未回鶴望情還失教他王老師癡鈍無處覔
時雨洒如膏萬卉皆滋益枯根甘自休也似春無力
耕夫曉尚眠蠶婦夜多息從茲家業荒共落風塵跡

送蘊懽禪者西上

金闕路曾遙行行值開泰石房雲未開杳杳若相待
高蹤逾復水何人不傾蓋早晚承帝恩再卜林泉會

送僧

春雲情既高片段飛虛碧去留機未消今古望還積
澄澄天影回杳杳地形直別夜共相思誰栖此泉石

法爾不爾

夏雲多奇峯乾城冷相映借問諸禪僧那箇堪憑定

乾城高鑠月夏雲欲為雨若謂非全功子細看規矩

送諸方化主

空巖暖律回極目望還普數點方外雲幾處人間雨

寥寥滄海月依依少林祖去必示勞生清風立千古

劉禹端公問雲居雨從何來

東平問官人風作何色

雨從何來風作何色龍門萬仞曾留宿客進退相將

誰遭點額

風作何色雨從何來不用彈指樓閣門開波波稜稜

南方未同

送僧

松風清未休水月淡相對去來非等閒必許孤雲會

頌雲門九九八十一 二首

三三九九八十一一一觀風隨召出千古有誰同其知一毛師子衆毛畢

九九八十一大勳不豎賞若謂無訛金剛曾合掌

烏龍和尚

空巖清夜坐蘚徑積深雪瞑目思古人徹曙落殘月童敲石磬寒猿挂枯枝折杳杳無限情分明向誰說

秋日送僧

邊鴈影邪寒蟬聲速乘時毳流遠別巖谷林藪鶩一葉
兮微風觸袖水蕭蕭百川兮片月在目因憶象骨老師
曾送人行行不謂抽金鏃

早參示衆

曉天雲靜濃霜白千峯萬峯鑠寒色驪龍失珠知不
知無限平人遭點額

春風辭寄武威石祕校

春風何蕭蕭和雨復兼雪坼花功未深偃草勢曾烈
颭城凝愛老怯寒對清拙衰巖影響士難御同孤劣
鼇峯人不來柴門亦休閉松頭栗鼠下跱把藤牀齧
庭際霜禽歸屢啄苔錢缺一旦春風息暖日生林樾

幽徑磐石上拄節行且歌無絃兮莫彈有語兮存舌
冷落流水聲古之若爲說凋殘早梅樹今之若爲別
俯仰身力輕翻憶春風切爲吾吹却塵欲華分歧轍
爲吾吹却雲欲問遼空月不知天地間堪爲誰交結

送百丈專使

大雄孤頂曾遐舉徧索諸方誰敢拒乳竇峯前捋虎
鬚再得完全又歸去

送清素禪者之金華

古策風高餅浪闊春雲片段分清絶金盆后夜孤頂
寒去去誰同落殘月

擬寒山送僧

擇木有靈禽寘空寄羽翼不止蓬萊山冥冥去何極

送如香大師

栴檀葉落雨初歇天外風清亦何别後夜蓮城溪月寒孤光誰共倚參沈

寄于秘丞二首

石徑通巖竇引步藏欹側蓬萊人不來掃盡蒼苔色

飛瀑千萬尋五月狀冰雪將期雲霧開永夜對孤月

再成古詩

霜花一鑷中玉童摘未摘斯言如不聞千古動愁色

因憶商山吟在烏如在白

苔當生不生

咄咄休強名芻狗亦爲累寂寥金粟身曾未求諸巳

戲菲安巖呈雙溪大師

陜府鐵牛却知有春秋幾幾成過咎一身還作二如來黑白不分辨香臭

踈黑白無從

天地不仁萬化蠢蠢若謂非緣竹何從筍髮兮髮兮黑白是準

暮冬感懷寄瑞巖禪師

雪水遶松檻遲遲結清淺病眼時懶開幽情況難遣故人久相别飛文屢慰覛俯謝十二峯分照月如翦

送知久禪者

霜竹凝寒携九節，銅缾浪鎖千溪月。天上人間不自知，行行誰共分清絕。

送慶顔禪者

巖桂風清香露滴，定起高秋映虛碧。斷雲不是歸帝鄉，飛落人間有誰識。

春日懷古 四首

門外春將半，巖冰暖有聲。玄沙曾未到，虛得僱溪名。

門外春將半，青青野色分。桃花開欲盡，無處覓靈雲。

門外春將半，群芳鬭盛時。鄰家有庭栢，諸祖共相知。

門外春將半，幽禽語共新。寶陀巖上客，應笑未歸人。

送僧之金陵

勝游生末跡杳自狎時群卷衲消寒木搨帆寄斷雲
曙餅花外汲午磬浪邊聞別後石城月依依遠共分

送僧

知方流古意雲樹別諸鄰月不澄微水山應立是塵
靜空孤鶴遠高柳一蟬新欲究勞生悶歸思莫厭頻

千里不來

不見古君子因循又隔秋浮生多自擲好事更誰留
碧巘高沉月寒雲靜鎖樓宗雷何處是白鳥下汀洲

僧歸雲上

海國浮輕檝悠悠與末闌草隨春岸綠風倚夜濤寒
沙鷺宜相狎霜蟾望更寬河聲西聽日誰得共雲端

春晴野步

乘興携多士遲遲傍水濱春山不在目啼鳥共誰聞
片石寒籠蘚殘花冷襯雲只應融老輩庵際境猶分

賦瑞雪送穆大師

五六皆名出飄花獨見稀若教同一色還似負群機
玉馬猶空說銅駝轉更非爭如千萬里相對共依依

送鐵佛專使

荷篆來尋我泛舟思舊山不知何處月指照在深灣
風助秋濤急雲兼野樹閑到時如請益先憶趙州關

同于樞丞賦瀑泉

大禹不知鑿來源亦自成色應鄰衆白聲合讓孤清

遠勢曾吞海飛流未噴鯨靈槎如可泛天派問歸程

送簡能禪者歸仙都

荷葉下丹嶂紛紛雪正飛浮生誰未到舊國自重歸
雲背猿聲斷天遥鷺影微連城古風月又得振清機

天竺送僧

雪霽蓮峯頂孤禪起石牀向時機自絶異域路空長
啼狖衝寒影歸鴻見斷行後期無定跡煙水共茫茫

寄石秘校

重林冥坐久引望復遲遲煩暑未消日涼風來幾時
天雲飛積炎凝溜散垂絲欲擬相尋去浮生已共知

因事示衆

客從遠方來遺我徑寸璧中有四箇字字字無人識
清涵鯨海寬冷射蟾輪窄今朝呈似着請道末後句

靜而善應 二首

覿面相見不在多端龍蛇易辨衲子難瞞金槌影動
寶劒光寒直下來也急著眼看

對揚殊特本同參誰自遼空强指南今古不存師弟
子一輪秋月印寒潭

自誨

麟龍不爲瑞草木生光輝三尺一丈六且同携手歸
慚爾繼世師巍巍何巍巍

宗門三印 三首

印空印水印泥炳然字義還遥黄頭大士不識敢問誰得親提

印泥印空印水匝地寒濤競起其中無限鱗龍幾處爭求出觜

印水印泥印空衲子不辨西東撥開向上一竅千聖齊立下風

韋轍三門 四首

劫火曾洞然木人淚先落可憐傅大士處處失樓閣

德雲閑古錐幾下妙峯頂喚他癡聖人擔雪共填井

祖佛未生前已震塗毒鼓如今誰樂聞請試分回互

宛轉復宛轉真金休百鍊喪却毗耶離無人解看箭

翠羽立高枝危巢對落輝碧潭千萬丈直下取魚歸

擬弋者慕

透法身句 二首

潦倒雲門泛鐵船江南江北競頭看可怜無限垂鈎

著隨例茫茫失釣竿

一葉飄空便見秋法身須透鬧啾啾明年更有新條

在惱亂春風卒未休

靈隱小叅

六合茫茫競不知靈山經夏是便宜虚堂夜静無餘

事留得禪僧立片時

因雪示衆

清光歆月不相饒堆積虛庭卒未消爲瑞爲祥也難
得不知誰解立齊胥

秘魔巖

把斷重津過者難擎扠須信髑髏乾薑山到後知端
的同死同生未足觀

保福四謾人

竿木隨身老作家逢場作戲更難加謾人謾我無人
會水長船高眼裏沙

靈雲和尚

本無迷悟數如麻獨許靈雲是作家借問徧叅諸祖
客不知何處見桃花

僧問緣生義

義列緣生笑未聞孰呈布鼓向雷門金剛鐵券諸方

問報道三千海岳昏

名實無當

玉轉珠回祖佛言精通猶是污心田老盧只解長舂

米何得黃梅萬古傳

迷悟相返

霏霏梅雨洒危層五月山房冷似冰莫謂乾坤乖大

信未明心地是炎蒸

道貴如愚

兩過雲凝曉半開數峯如畫碧崔嵬空生不解巖中

坐惹得天花動地來

大功不宰

千頭峯頂鎖重雲獨坐寥寥寄此身百鳥不來春
過不知誰是到庵人

晦跡自貽

圖畫當年愛洞庭波心七十二峯青如今高卧思量
事添得盧公倚石屏

五老師子

踞地盤空勢未休爪牙何必競時流天教生在千峯
上不得雲擎也出頭

與時寡合

居士門高鷁未期閒限巖石且相宜太湖三萬六千頃月在滄波説向誰

宜謙山主赴鄞城命

儕向千峯過好時白雲高卧趣還乖塗中無限未歸客不待相依更待誰

庭前柏樹子二首

七百甲子老禪和安貼家邦苦是他人問西來指庭栢却令天下動干戈

千聖靈機不易覩龍生龍子莫因循趙州奪得連城璧秦主相如總喪身

贈琴僧

太古清音發指端月當松頂夜堂寒悲風流水多嗚咽不聽希聲不肯彈

送僧

旒挂澄江兩霽晴綠鋪春岸草離離定乾坤句輕拈送逢著知音舉向伊

送僧之婺城 二首 一

孤雲徒自類行蹤高指金華思不窮日暮輕帆映秋色沙禽啼斷一江風

婺溪煙景稱生涯輕泛蘭舟意未賒八詠清風好相繼碧雲流本是詩家

送文用庵主歸舊隱

太白峯前舊隱基杉松寒翠滴無時經年拋却又歸
去再聽巖猿只自知

送顯沖禪者之霅上覲兄著作

還佛還宮應在我難兄難弟不唯他汀花岸草芳菲
日遠遠清風爭奈何

送寶月禪者之天台

春風吹斷海山雲別夜寥寥絕四鄰月在石橋更無
月不知誰是月邊人

玄沙和尚

本是釣魚船上客偶除鬚髮著袈裟祖佛位中留不
得夜來依舊宿蘆花

偶作

拾翠尋芳烈夜燈蘆芽穿勝英無能飛泉冷淡與誰聽空落斷崖千萬層

送僧

路岐長草帶青青雲片相兼野思生多謝春風莫吹散等閑爲蓋贈君行

送純禪者

莎蘿雨滴著苔痕前峯後峯啼斷猿攜筇別我下層翠何處静敲仁者門

和頑書記見寄

古松吟遠石磷磷湯惠休辭豈易聞紅葉寫成藏不

得暮風吹斷碧溪雲

送允誠禪者

飛泉列岫壓窮野冷碧寒青光閃射片雲片石何太高爲誰留在長松下

送僧

古藤枝寒索索方倚靠又拈却海闊天遥非等閑風前曾共孤雲約

送清禪者

瘦藤春雲深天涯去無侶時策野泉聲似共流鶯語落落風規今古情相逢會有知音舉

酬于秘丞

永夜潛思搞木身逢仙門館漸經旬雖千清政爲高
客爭奈白雲無主人巖瀉瀑泉機未息雨零寒葉夢
猶頻此時賢宰容歸去古像焚檀祝有因

送僧

涼颷新葉墜巖陰禪起高秋別翠岑孤月冷光清有
興斷雲閑影合無心餅分吳浪情何極鉢化膺門道
更深好是却迴舊房日倚欄同看橘鋪金

往復無閒十二首

平旦寅朕兆之前已喪貞老胡鵝樹慚開口猶舉雙
趺誑後人

日出卯鄰國香花競頭走邯鄲學步笑傍觀豈知凶

禍逐其後
食時辰大嚼那堪列主賓維摩香飯參非謾怪他鶖
鷺獨生嗔
禺中巳荆棘園林徧大地南北東西卒未休金剛熖
復從何起
日南午寥廓騰燿示天鼓鬱頭藍已定全身何假周
行誇七步
日昳未碧眼胡來歎漢地九年計較不能成剛有癡
人求斷臂
晡時申急急逃生路上人草鞋踏盡家鄉遠頂皁燒
鍾一萬斤

日入酉室內虛盈且依舊塵塵彼彼丈夫見井中之
物同時了
黃昏戍寰中不礙平人出瓦礫光生珠玉閑將軍豈
用驅邊卒
人定亥六合茫茫誰不在長空有月自尋常霧起雲
騰也奇怪
半夜子樵唱漁歌聲未已雨花徒說問空生高枕千
門睡方美
鷄鳴丑貴賤尊卑各相守忙者忙兮閑者閑古今休
論自長久
送僧

巖泉高鎖黄金宅衲卷秋雲古標格離歌誰贈欲行人徧界同爲一宿客春色依依日杲杲南北東西好音好鬧市撥笑嬌尸迦草頭青點俱胝指阿呵呵人間天上不知他糲竭節有頂門眼歸去清風拂薜蘿

寄李都尉

水月拈來作者殊東西南北謾區區也知金粟李居士端坐重城笑老盧咄

寄池陽曾學士

山萬重兮水萬枝堆青流碧冷便宜筭來免得生適恨不在詩情在祖師

寄四明使君沈祠部 二首

露冕民謡物物成江山千里古風清曹溪客是無機
者日在深雲聽頌聲
耆耋德也亦如斯政化全歸副倚毗十萬人家寫春
色不知誰解立生祠

寄内侍太保 二首

千尺巖泉噴冰聲草堂雲淡竹風清蒲團時倚無他
事水日寥寥謝太平
蘿龕蘚室狎猿猱忽捧綸言桂紫袍恩大不知何以
報五雲天上望空勞

寄曹都護

故國休言萬里程爲官爲釋且分明道存不必曾傾

蓋俱有清風匝地生

送僧

虎角深藏不待時全機曾許雪林知如今一自越拈來也草偃風行是信旗

寄靈隱惠明禪師二首

千峯影裏葉初凋極望還將慰寂寥千也謂毫端一不相隔秋雲秋水奈遥遥

海嶠生片雲有時忽如蓋不挂飛來峯悠悠擬何待

送益書記之雲水

白蘋汀是舊家鄉歸興蘭舟泛渺茫日暮沙禽啼欲斷不知誰在碧雲房

慶元府雪竇明覺大師祖英集上

三寶讃 并序

予天禧中寓迹靈隱與寶真禪者為友或游或處固以道義相捐挍報相襲泠泠然自樂天常之性也一日真公謂予曰愿近偶作三寶讚三十韻冝請賡唱因披閱加歎率爾而繼之類蝕木也俄屬分飛吳楚將二十載殊不復記憶真公不以事曠誠隔遠附僧如衍而至冊窺荒斐愧慰多集且夫聖人之立言也必睽虛必冝真與使文外之士同振古風垂千萬世又為發來者及之不及道在其中也斯之贊辭曾不沾不待但遐仰覺皇宗致禪徒告而行之得不曲為序引

佛寶

甘蔗流苗應刹塵覺場高發利生因紫金蓮棒千輪
足白玉毫飛萬德身孤立大方資定惠等觀含類捨
怨親挨星相好中天主匝地名聞出世人螺髮右旋
仙島碧月眉斜印海門新鸞翔鳳舞非殊品象轉龍
蟠絶比倫瓔珞聚中騰瑞色花鬘影裏奪芳春慈儀
戀望知何極梵德言辭莫可陳肖字杳分無量義頂
珠常照百由旬雙林孰謂歸圓寂坐斷乾坤日見眞

法寶

後得智生功德聚大悲留演潤禽魚貫花雖自科千
品標月還歸理一如過量劫應期廣布刹那心合未

忘書四衢道内拋紅焰五欲波中綻白蓮排斥衆魔
登壽域引携諸子上安車義天星象熒熒也辭海波
瀾浩浩鰍違背此恩難拯按遭逢末世嗟躊躇聞來
半偈須相斅惜去全身莫共居飛辯恨曾虧激問頤
幽欣且免長嘘生生頂奉輝心鏡廓照塵勞信有餘

僧寶

方袍圓頂義何宜續焰千燈豈小緣花雨座前猶滯
相虎馴庵畔尚稽詮巖栖塚宿難依望鶴貌雲心迥
灑然寶杖夜鳴寒嶠月銅瓶秋澈碧潭煙名標練若
澄諠猾迹念昏衢警睡眠林下雅爲方外客人間堪
作火中蓮情髙不是超三際道在非同入四禪浮世

勉誰知逝水深峯甘自聽飛泉苾蒭草馥僧祇後玳

瑁盂傳古佛先珍重覺皇有真子坤維高步列金田

夏寄辯禪者山房

梳篳雲作屏必固黄金宅軒窻月爲蓋豈止虚生白

麟龍愧頭角鵰鶚慚羽翮庶擬羣類心在寛如在窄

和錢太傅見寄覔山藥 二首

文柄誰持合自持憂民風槩乍清羸禪林草藥如爲

效願見皇家急詔時

聖君鴻業在扶持日角龍章固不羸摘藻玉堂歸未

晚百花開赴御筵時

送錢太博應賢良選

賢才嘗召試彪炳對吾君千古不遺恨八元應主文
岸花明列旆天籟拂微雲後夜觀垂象中台位已分

答天童新和尚

中峯深且寒欹接海邊島松凋不死枝花圻未蔫草
飛瀑吼咬宮幽徑分鳥道伊余空寂徒浮光寄枯槁
冥遊天地間誰兮可尋討孤立雲霞外誰兮可長保
兹來仁者來還稱太白老荷策扣巖扃重席展懷抱
示我商頌清休誇郢歌好報投慙抨辭難以論嘉藻

和頌

玲瓏巖古寺冠乎明越境海眼通洌泉天心聳危嶺
嘗游與未闕遐想神忽凝彼士真覺雄相鄰不孤迥

吾愛濟橫流孰云煩慮弃吾愛整頹綱豈止浮根靜
樓梧瑞九包追風駿十影顧我不爭衡與誰開鬭茗
乘時旣磊落照世非昏暝佇爲王者師三千統摩頂

贈別太臻禪者

武陵山水何祕邃元化功兮不容易壇曾善卷韜龍
光洞亦桃花剧麟趾仍思昔日吾祖浩浩提綱宗消
息曠斷寰宇空又聞高大舜讓公器祥瑞却生蘆葦
叢人由境兮眞道德境有人兮分玉石臻禪本自偃
殊方忽向其中誕孤跡迢迢海甸來尋我一十二年
同冷坐羽翼博風今是時拂盡天雲乃飛過

雲門偶字

百草頭何太輕重與禪徒下錐刺雲門俱字好參詳

雪峯輥毬亦端的黛非青兮藍一色辰錦砂兮敢言

赤紫羅帳裏有眞珠曹溪路上生荊棘還會麼此時

若不究根源直向當來問彌勒

僧問四賓主因而有頌頌之

如何是賓中賓云滿面埃塵又曰噫

頌

賓中之賓少喜多嗔丈夫壯志當付何人　如何是

賓中主云兆分其五又曰引

頌

賓中之主玄沙猛虎半合半開唯自相許　如何是

主中賓云月帶重輪又曰收

頌

主中之賓溫故知新互換相照師子嚬呻　如何是

主中主云大千捏聚又曰揭

頌

主中之主正令齊舉長劍倚天誰敢當禦

都頌

賓主分不分顢頇絕異聞解布勞生手寄言來白雲

令僧把納

七八既難直須教透來不在前去不在後麤細自看

緊緩相就一日圓成呈似君想得諸方未知有

送知一入京兼簡清河從事

六月千江水似秋片帆高挂岸雲收行行莫謂朝天闕況倚文星在巨角

送德珉山主

溪山春色映雲袍愛住隍城意轉高翻笑忘機自安者不能牽手入塵勞

送僧 二首

紅芍藥邊方舞蝶碧梧桐裏正啼鶯離亭不折依依柳況有春山送又迎

祖域高覲日未央家林歸去意何長舊交不識初相見曾振滄溟奪夜光

送崇巳闍梨歸天台

石橋雲瀑冷相侵辭徑蘿龕入更深却羨楮節遠歸
去半千尊者是知音

送邃悟上人之會稽

百越江山冠九州如屏還媲謾相褒惠休此去多吟
賞贏得清風價轉高

送僧 四首

乘輿飛帆別翠峯水光春靜冷涵空到人若問曹溪
意祇報盧能在下風

禪石飛流濺碧莎利生還遂喜下雲坡途中若立三千
客剔起眉毛不在多

栴檀林裏振金毛四顧清風拂幾遭曾許全威作雲
雨不知何處是塵勞
雲衣輕拂下層巒松檜生風颯袖寒誰問親游乳峯
意百千年後與誰看
寄員外黃君
碧岫層層列杳冥漣漪環遶直寒青嘉藏未識古君
子空仰嘉聲過洞庭
送僧
五色祥麟白月輪乘時應不念離群松根石上來禪
日誰看暮山飛斷雲
寄劉秀才

遠遠飛來一幅書愈風誠重復何如相逢相見未覩
日目斷千山插太虛

送僧

古之別今之別目對春江倚寥流三樹兩樹啼斷猿
千峯萬峯落殘雪花濛濛雨濛濛坤維步步生清風

聞百舌鳥送僧

曾來芳樹幾回飛煙靄初晴又見伊巧語向人莫相
笑知音知後更誰知

送中座主入廣

船主船中寄惠持雲霞無跡共依依海山見說多嘉
賞莫便因循忘却歸

送隴西秀才入京

國器難藏孰可知攜來書劍莫遲遲明年桂籍登天
陣奪取龍頭更是誰

送僧

雪殘春島路迢迢水静雲開見碧霄别後離同此澤
意秖應孤月共寥寥

因仰山氣毬頌

四大假合非虚妄儱儱侗侗爲一捆東西南北不相
知留與衲僧作膀様

赴翠峯請别靈隱禪師

臨行情緒懶開言提唱宗乘亦是閑珍重導師并海

衆不勝依戀向靈山

送僧歸閩

雲老當年曾入嶺真禪今日又思鄉孤帆隱隱曾啍

我月照夜濤空渺茫

送僧

春風颼颼花正飛紅霞碧靄籠高低越山日暮少林

客應聽子規深夜啼

寄陳悦秀才

水中得火旨何深握草由來不是金莫道莊生解齊

物幾人窮極到無心

寄錢唐觀音朋山主

遠念依依關附書遥同秋水深相於沖雲況是曾無
定幾掩寒蟾出太虛

送僧

極目春光水照空岸莎汀草碧茸茸三千里外生靈
望獨倚寒藤振祖風

春日示衆 二首

門外春將半閑花處處開山童不用折幽鳥自啣來
門外春將半閑花處處開山童曾折後幽鳥不啣來

寄烏龍長老

雪帶煙雲冷不開相思無復上高臺江山況是數千
里只聽嘉聲動地來

寄太平端和尚

千朶危峯杳靄間石房長帶瀑聲寒鳥啼花發尋常
事松本青青雪裏看

送僧

千峯雨雪時別我情何極不知天地間更有誰相識

因官人請陞座

曉天雲静冷涵霜滿檻風清敵夜光莫謂座間人不
識孤明孤影射虛堂

因金鵝和尚語藥病

藥病相治見最難百重關鏁太無端金鵝道者來相
訪學海波瀾一夜乾

賦沖雲鷄送僧

側翼雄飛天勢闊電閃星流太輕聯南北東西相對
看千里萬里阿喇喇

風幡競辨 二首

不是幡兮不是風衲僧於此作流通渡河用筏尋常
事南山燒炭北山紅

不是風幡何處著新鬧作者曾拈却如今懵懂癡禪
和謾道玄玄爲獨脚

漁父

春光冉冉岸煙輕水面無風釣艇横千尺絲綸在方
寸不知何處得鯤鯨

牧童

嘔啊唱與那鳴㖷百草枯來鬬不知日晚騎牛未歸
去指前坡笑又噓嚱

送僧

嵓房高下拆寒梅極目寥寥鴈影回相別相逢竟何
事一聲江上發春雷

寄天童疑和尚

經旬抱疾阻春霖莎砌重重蘚暈侵曾約偕游未能
得暮山空鎖碧雲深

送僧入城

雲籠碧嶂月籠臺此去城中早晚廻不爲佛光謁韓

愈問君何事出山來

病中寄諸化主

雪裏梅花見早春東西南北路行人不知何處圓蟾
夜同念山頭老病身

和于秘丞見召之什 二首

民瘼求來吏放閑萬家深夜啓重關齋中既是清涼
國應笑支公別買山

垂垂甘自養衰殘度歲無人到竹關何幸文星枉嘉
什殷勤相喚出層山

和王殿直見寄 二首

華野非殊古所難得安閑處未爲安、大方無外誰相

到空笑重雲鑠碧巒
清風凛凛學人宜堪對彌天釋道安不日歸朝狎鴛
鷺也須音問寄巖巒

送僧

澄江依棹碧光流風冷蒹葭雨乍收別夜漸吟許誰
約白蘋汀上月陵秋

送僧歸永嘉

韶石曾披此性靈三年孤與急流爭永嘉舊隱今歸
去堪聽海濤中夜聲

兎角拄杖

少室傳來兎角杖千聖護持爲頂相虎踞龍蟠勢未

休雲影山形冷相向有時閑倚在虛堂寥寥匝地凝秋霜有時大作師子吼德嶠臨際何茫茫今日提來還不惜分明普示諸知識解拈天下任横行高振風規有何極

送從吉禪者

君不見行路難亦容易握草爲金不爲貴難難易易一半地湧波瀾易復到處列祥瑞堪笑堪悲能幾幾天上人間立高軌兄弟十字越參星一義同心淡秋水因憶韶陽古風骨不火雷光避出沒隨身之句是程途扣門之問非實窮勞勤報君君記取方外周游看爪距虎狼叢不遇知音則起眉毛便歸去

寄承天長老

道義相資復是誰巖房深夜思遲遲海山雲靜見孤月高縣婺城人不知

送僧

吉路枝分列洲渚網兮領兮若爲舉病眼方開忽送人落花驚斷山禽語親禪客親禪客行復行獨步坤維消此情

送因大師

瘦藤清對紫方袍閑步坤維意轉高若到眞江人借問金輪王子是吾曹

送寶師歸

天倫曾重意難分爭奈孤蹤若斷雲去去休同亮禪
者西山一入杳無聞

送新茶 二首

元化功深陸羽知雨前微露見鎗旗收來獻佛餘堪
惜不寄詩家復寄誰

乘春雀舌占高名龍麝相資笑解醒莫訝山家少爲
送鄭都官謂草中英

賦月生雲際送誠監寺

皎潔離雲鶴夢時孤光還與雪相宜金盃後夜重垂
影拂盡天風不自知

送僧之金華兼簡周屯田

瘦藤輕屨蘚衣并路過危峯截杳冥若到金華拂雲
霧不應容易見文星

送僧之永嘉

故國不是阻天涯花木光中見獨歸蜃水鄞江人莫
問月分春浪冷依依

寄送疑長老

德不孤兮必有鄰四明留住是因循如今高步錢塘
境只許靈山箇老人

放白鷴

朱冠青戢雪為毛不近鸞凰意亦高放你雲林莫廻
首如今何處是仙曹

喜禪人廻山

別我遊方意未論餅盂還喜到雲根舊游房有禪石再折松枝拂蘚痕

送僧

七尺巖藤握便行舊山歸去幾多程相逢忽問迢迢意應發春雷動地聲

送僧歸天童

峩峩太白峯倚翠列霄岸羡君乘興歸凭欄與誰看

和曾推官示嘉遁之什

少微星出古風還匝地聲光不掩關三館峻遷同陌路尤華高卧是蓬山巖莎步入祥麟穩海樹飛來白

爲隙秪恐致君休未得蒲輪重到薜蘿間

經古堰偶作

出城四十里古堰若天外飛棹清淺中孤影自相對

謝張太保見訪

老病還同葉半凋經旬門掩夜蕭蕭海城都護曾垂訪一片清風慰寂寥

送宗朴禪者

洞庭乳竇皆泉石抱疾何緣寄幽跡曾列狂機一二三東山西嶺非相識屈指嚬眉不可尋雲飛雨散空沉沉如今轉覺流年隔強把冥悰苦搜索縱止言歎白雪辭寧忘笑與黃梅客朴禪者朴禪者珠月有光

憨照夜

送尚辭

浮圖之子復道爲貴天兮地兮何泰何否動無節非靜還雕僞辭也云行後生可畏

歌寄留英禪德

當時臨際辭黄蘗或指河南或河北英禪此日下中峯机案曾焚笑仍則九包一角憨稱瑞導月觀星亦非意爭似韶陽振古風半途未肯還希冀歸去來歸去來飛泉浩浩聲如雷

送小師元賁

崛圖求師爲吾弟子學雖無閒道亦可擬平飛辯月

照復流水斯意斯言兮如不忘行行颻颻兮步蘭芷

善應殊宗君不知也思

送文佶歸廬岳

春色未深興無邊早辭謝九江峯尋五老到日攀蘿

獨上時依依莫忘海山腦

送侃禪者之丹丘

石橋多古跡路嶮少人過如同白日閑冷拂青苔坐

寒老若相逢爲吾略嘲破

送寶山主

野水春山風光極目千里萬里太遲太速絶域澄澄

兮非犀燃可照希聲杳杳兮非鳳膠可續葉落花開

知不知人天景行爲高躅

示衆

丫角女子白頭絲報你諸方作者知借問住山何境界春風颼颼春鳥喧喧翠峯不能助發心印却是他傳

和范監簿

吏散簾垂思莫窮山光溪影恣相容誰誇靖節偏栽柳自笑隱居高聽松丹闕尚遥芝檢密訟庭閑列薜花重巖間野客雖多病終再携筇謁士龍

又

品彙不自適善政還可尋縣樓清夜上島月愚雲侵誰有古菱花照此真空心

因香嚴和尚

我有一機禪子須知爍迦羅眼攄是膠䊀若人借問伏惟伏惟一

送雄直歲

罷叅還欲勘諸方竿木隨身不易當是則俱行非則擒下斸憶

古來興化老主賓用盡力牽羊

爲道日損

三分光陰二早過靈臺一點不揩磨貪生逐日區區去喚不廻頭爭柰何

蹟古

我有面金到處懸挂凡聖不來誰上誰下

訪俞秀才

萬疊雲山未得歸寂寥心許老盧知江城雨雪書名紙不謁鴻儒更謁誰

再訓

萬卷無書道用歸閑文公也未須知倚天長劍如虹戰更有龍頭復是誰

留遲首座

從龍爲雨復清閑片段依依水石間慙問秋風欲吹散不能留得覆青山不應問者爲我留之

送俞居士歸蜀

何處深棲役夢頻青城拋却數溪雲如今老大歸難

得秋寫情懷遠送君

和王殿丞蘡粟種之什

纖纖圓實占芳春得自侯門勝楚珍開葉開花人不
會百千年是等閑身

和江橋晚望

公餘縱目望江山萬化窮來因象間聞說聖君將下
詔未容清澹與僧閑

病起示衆

門捹還同歲月權石隱經兩積莓苔一牀枕簟淨名
老時見斷雲孤月來

送麻居士

紗帽山儀白岸袍遠披孤頂近吾曹携來七尺霜前
竹劃斷天雲不放高

酬李校書

一回辭我一回吟曉巒巖叢意轉深鬣鬣霜松不凋
落與君同有歲寒心

苦熱中懷寄永固山主

火雲高下影相連幾欲披尋恨不前無限淸風無處
問只應遲步遶林泉

送元安禪者

群峯杳藹留不住遠道依依秪藤纓舊隱羅龕付與
誰寒猿後夜啼高樹

賦病鶴送奉倫禪者

欲飛飛未得冷泊杉松枝如何垂天雲遠遠同一涯

偶作

列岫霽新雨凭欄秖澹交夕陽明遠水秋葉露空巢
思極曾無玷神清未動爻秖應千古意誰得共雲坳

謝鮑學士惠臘茶

叢卉乘春獨讓靈建溪從此振嘉聲使君分賜深深
意曾敵禪曹萬慮清

因遊育王亭寄收主郎給事

冷翠千萬峯當軒列如黛蒲團及禪板永日澹相對
彤雲曾無機燒松亦成蓋遠謝幽隱情難與台星會

送遇能禪者

湖遶巖城列象寬萬家臺榭水光寒片帆隱隱生遥
極誰問曹溪意轉難

送覺海大師

秋雲巖葉兩悠悠半逐風馳半水流憑問禪家有何
意不知方外若爲酬

送曾侍禁

冷匣秋波射斗星鐵衣隨從古霜清宣池莫問當年
事一片威風動地生

病起酬如禪德

夫明一寸光陰草一何俄人命呼吸間誠哉是言也

呼之曾已休吸之尚未含寄問諸昔源來者不來者

送雲禪德

古之送人言作懷寶我慙老病困乏辭藻能頡頏迢迢兮曾立夜雪謝池依依兮笑生春草頭角麟龍安可論清風步步應相討

送久禪德歸蘭亭

右軍墨池月照我復照誰千里忽相到中峯多病師

送羲大師

嚴房擁病經一月門有諸生阻來謁長往之期猶未維七十之年更何說若耶溪老忽留語溪上舊遊且歸去春風颻颻兮乘斷雲弱柳依依兮帶輕煙古今

離恨雖如此動靜於吾亦多意高握霜節獨步時音
書莫忘遠飛寄

酬海宗二侍者 二首

蓀之得蘭其道匪難扶吾病起如珠在盤一兮二兮
自看誰看

蘭之得蓀其道必不扶吾病起古風入門二兮一兮
且論勿論

謝郎給事送建茗

陸羽仙經不易誇諸家珍重寄禪家松根石上春光
裏瀑水烹來鬪百花

送山茶上知府郎給事

穀雨前收獻至公不爭春力避芳叢煙開曾入深深
塢百萬槍旗在下風

送郎侍郎致政歸錢塘

帆挂西風別海城二疏千古道相應誰誇富貴沽時
譽自笑經綸作技能殘葉賦題紅片片遠山供望碧
層層武林到日符嘉遁高訪巖扃紙許僧

山行逢懃禪德

亂巖秋日無他作策杖層層上寥廓四顧有誰分野
情一點彤雲起深壑蘚石邐迤路輕蹈逢箇衲僧忽
驟步頻頻回頭不肯回及至回兮眉卓竪阿喇喇千
里萬里橫該抹咄

送小師元哲

老盧之子四三二一將欲振飛卷比叢室松凌霜兮運青水帶巖兮流急南北東西雲開見日

永豐莊新植徑松忽二本鄰僧抒辭紀之

雙偃松何似螺文結數遭清聲雖競發寒影不相高對客圓分蓋孤禪翠滴袍若教圖畫得爭奈有藏[illegible]

送白雲宣長老

鄞江秋晚忽成春況有台星作主人去去高携古瓦尺二千年運續芳塵

送親禪者

萬木帶秋聲古今念睽別我有贈行意臨行爲君識

重巖休滯雲遠水且觀月生生知不知天風助清徹

送顯沖禪者

聚散非常準古今亦標格如何無事人還從未歸客
秋風生群林野水資寒色誰兮謝寸陰觀彼青山白
沖禪行復行五葉待時拆

送天童普和尚

迢迢別海涯帆挂抄秋時島樹落寒葉人誰訪祖師
浪開遊象急天闊過鴻遲早晚歸林下千徒不共知

張秀才下第

得第何人愧不平道存顔巷亦爲榮應知未喪斯文
也且把新詩樂性情

寄史監收

田中稻熟及時收顆粒圓成免外求一日歸來古巖上白雲紅樹共悠悠

暮冬夜坐寄岫禪者

碧落無片雲虛庭積深雪負春還有誰徹曙對孤月巖松影拂翠不斷瀑水聲來聽忽絕岫禪岫禪知也如未知八面清風遠遠待時説

寄崇壽懷長老歌

寂住峯兮觸星斗寂住師兮古爲道死中得活未輕諾不許夜行投曉到鵲鵲聲光一百年吾其後兮吾其先振領提綱奕多事擁扉塞路空依然龍朔老盧

同兀兀土爲貌兮金作骨萬國爭求肯便行我要重
新敲鐵佛東西南北休云識枯槁冥冥顢相憶天然
清風結陣來狂歌遠寄從拋擲

送廷利禪者

雪峯孤頂誰家路上兮下兮復何故曾列三千一輩
徒我今獨滿當時數鯨麟麟龍鱗鱗坤維高步生清
塵休云裴相慕黃蘗領有圓珠七尺身利禪者利禪
者倚天長劒應牢把或謂風雲不再來誰爲蒼蒼兮
晝夜

送倧禪者

涪江怒激鯨鰲窟岌岌三山大傾側冥數俄然一箇

來步武群方作禪客振聲謂我分綱宗今兮古兮何
忩忩令吾強爲扶辭句句字字凛凛生狂風拂散
四七單傳之落葉掃蕩二三直指之流蓬似帶微芒
敢未勦絕寅木在握兮全機可笑秋水橫按兮半提
可滅使八極頂目者不自爭衡見斯人兮駕御昂栟

送鼎禪者

落落禪家流携笻卷雲毳別我振辭鋒夜堂消祖偈
鼎禪之鋪霜天飛一鶚目對彈其滞春岸立千峯指也乎
其勢行行復行行清飈起蘭蕙

觀泉送濱禪者

雲根漱野泉照空復照月冷聲曾未消飛瀾似捐別

巖迸生風雷天遥迸新冰雪濱禪兼與知不知源流依依共澄潔

荅忠禪者

一字七字三五字萬象窮來不爲據夜深月白下滄溟搜得驪珠有多許

和陸軫學士夏日見寄

良牧歸詩匠雅風消鬱蒸官清難滯爵吏散遠同僧棠樹非煙合仙槎碧浪乘因思窮萬化使君昇襲周明鑑同寰之

序引或聞或見令人錫達千古耶無能

送化主

春色依依籠遠樹卷袖揞藤躡輕屧塵世茫茫無限

人不知誰問曹溪路

送通判劉國博 黃中

爲星當貳職權化不相饒白屋如多恨清風何處消岸鷗窺列旆天辟看陞朝別有生靈意寒枝未變條

送別陳崧丞古意

悠悠會山雲斷兮仍復續離離雙岸草變兮且兼綠如何苦雪霜後凋靈松竹松竹有節操雪霜無伎倆敢折歲寒枝贈君作嘉賞行行天地間清風在誰掌

送通判學士歸南國 楊

旆擁帆開照德星天風高興國風清武夷仙伏知回廿各下祥雲到地迎千里之外應之非此則殊倘諸也

和酬郎簽判鑁承

向國心存了了身大方無外且同塵江城早曉重相見解笑宗雷十八人

歌送范陽盧君秉簡華嚴昱大師

范陽居士來鄞水動地仙飈向人起乳峯直上雲霞開步驟天衢到如此茫茫塵世誰知交當場問我非相饒禪家畢竟無他事古雪巖前曾未消俄然悵望辭叢室荷負難兮淚深滋遠幸流方且莫論再得從容又何日迢迢故國殊方想泠碧柯山分指掌況有覺雄華藏師歸去百城共游賞

送廣教專使

峩峩一石頭使乎讓祖巳之匪存聖之奚慕或妄以山
或索云荼音耗不通兮清源派分吾斯語兮誰可論古

送微文章

雙蓮亭上送行客藕酉清香散秋色野興斷山雲片
高孤影澄江月華白希聲險絕堪誰知大道機存曾
未可縱闕天常立下風安教類變叢流火君不見梁
兮闔國難滯留千古遺恨空悠悠君又不見魏兮小
桂生寒翠一花對雪開無休微禪亦並聯芳駕德星
文星仰蕭酒物外情深不等閑環中趣別非輕捨相
訪從容爲我言屈指多求更何者

送懷秀禪者

麻衣草座思靈徹一食安閑更無別倏忽遷流數百年春杳誰來繼其絕吾今亦是疎慵輩冷淡身心存慵惰偶續靈峯照夜燈遽泛鐵船下滄海深嗟知困不知休奔馳駿浪空淹留縱得長鼇擬何待堪白頭時好白頭因觀壞衲秀禪客清苦如冰復如蘗別我携筇步大方爲葉爲花恣披拆伏枕寥寥情意闌率寫狂歌贈行色

孤運銘

雲根石壙容身待老南來北來閑且尋討五葉一花兮堪對誰寥寥萬古兮空知有

寄海會之長老

百花開後一花開風遞清香遠遠來誰問黃梅不平
事照中依舊惹塵埃

雜言送賢尊使

使乎誰老作者百戰場中飛鐵馬秋水藏來人不知
笑李將軍被擒下阿呵呵却歸湖山唱凱歌

歌紀四明汪君信十

古君子兮道諸巳道器用兮合天理同塵還若待時
生觀象不知何處起荆叢叢襲栽叢叢孝兮悌兮非
沚中聚應落落滴仙露散或泠泠揚士風風之上兮
風之下近一指兮遠一馬秋水澹交無限情夜光照
秉胡爲者伊予匪謂存餘力詠高義兮困肖臆巴歌

百字巖葉書懷寄汪門舊知識

送仲卿禪德

高兮竺卿秋水虛明夫何之象堪云指程知吾不知

笑理出情詞宜撫掌絕伽耶城

眞州資福禪院新鑄鐘銘并序

國朝紫微舍人趙公丙戌年出鎮姑蘇裁情示空巖之客所恨不能効善財展轉南方以求先覺如別幅叙雲岳長老令僧惠敏造鍾既成捌重樓以廣之欲爲銘記且言當使學者有所警悟緊也縱能道其歸禪人憑肯信惟師爲善知識行重名當代願爲此銘因機垂化不亦美乎然重顯固陋荷

大君子外獎敢不從命輒復引寄
夫形聲未先曠默奚准器用之後幽靈絶常故聖人
以鍾爲大惟聖人則之襲兮忘兮求以深矣其能具
諸種智對飛雉辨但未兼極有生權化之來未易窮
也感通傳稱昔拘留孫於乾竺造青石鍾如青玉色
可容十斛頂類諸天腹陷衆寶八角四面花光互分
有化如來與日偕出明宜祕演或聞不聞王舍城中
大千界内罔同錚錚者乎今岳禪老於淮甸造青銅
鍾如青珠色過百鈞之用上旋旁植繞獸蹲熊其或
霤城壹闢祇園夜永寥寥霜月射寒影以爭輝磬磬
地雷發虛音而交振師之唱險資之繼韡寅夕鏗鏘

主伴索索足使一鱗半甲無違眞化之方二聽五觀
有寄神游之域善存殊應知惟良哉謹爲銘曰
准之要衝　眞之會府　中列梵摩　居我禪祖　叅徒駢羅
慧敏干櫓　爰構餘音　息彼輪苦　峻構崇臺　金飛碧回
斯門屢掩　向人或開　希兮微兮　乍延乍催　先聞未及
後時不來　增悲遐宣　無困天理　帶識萬端　警悟齊起
遵晦陟明　其毋得子　塵塵訪誰　刹刹問己　大緣斯成
大功不宰　君奉禹湯　臣仰元凱　碑勒紺園　銘寫文彩
庚期妙峯　永聳滄海

四明洪興刊

慶元府雪竇明覺大師祖英集下

雪竇和尚明覺大師瀑泉集 并序

參學小師 圓應 述

師自兩處道場多應機語句門人集之離三巳行於世斯所紀者乃垂帶自荅及古今因緣朝暮提唱辭意曠瞻而學黨未喻復致之請益師蓋不獲巳隨所疑問以此以彼作放作收或抑或揚或代或別近百五十則實一時之能事也況圓應忝預[illegible]志摭拾然多闕未盡誠有愧於宗師必記諸[illegible]言於弟子可命曰瀑泉集意以飛流無盡[illegible]我者幸同味焉時天聖八年八月十五日序

明州軍州官請住雪竇䟽

朝奉大夫尚書刑部郎中充集賢殿修撰知鄧州軍州兼管內勸農事柱國賜紫金魚袋曾會撰

含萬法之謂心達一心之謂祖迦葉契西乾之印曹
溪傳東震之衣頓能所以應機緣混聲塵而開覺路
示為圓頓直趣真如果有奇人來昌大教伏以長老
雲松挺操霜月流輝一節高出於蜀川四句今宜於
吳苑得於匪得雖杜口於智門修至無修實歸心於
海衆今以句章古跡資聖淨方怪石靈松交相於戶
牖瀑泉藍岫供望於庭除富有學徒獨虛猊座伏希
盤翠峯之祖席登雪竇之道場雷震一音不滯斷常
之見雲趨三請咸超色相之機所冀佛日重光皇家
益固玉燭調而四時式序金輪轉而萬國咸寧用罄

歸依無勞謙執謹疏

蘇州在城檀越請住翠峯疏

粵以照乘神珠豈有心而鑑物達空上士曾無念以度生其如體具圓明致五色不能隱情存悲智故十界不能遺是謂妙應無方真慈廣被者也恭惟和尚靈源本濬道價非沽虎策親持遍入祖師之室龍盂高掌常游居士之門自此秖欲韜光深思遠世其柰因緣四備道德兼充隨方而民物依歸觸處而學人圍繞在衆何殊於出世乘時豈吝於提綱伏望和尚澤別武林遐之笠澤慧理息肓之地暫罷呼猨支公嘉遯之鄉堪追養駿遭累聖重光之主值休牛歸馬

之朝誠宜乎大闡一音俯從三請塞輿人之願望鎮
先德之叢林上祝皇王旁資黎庶前所謂妙應之說
真慈之門良在此時無賜勞讓幸甚謹疏

蘇州僧正并諸名貟疏

竊以柯亭發籟匪知音而孰采希聲陶壁飛梭承奮
豫而方同聖化物理尚由於時遇人情豈背於緣求
長老和尚祖席爲珍師門作範雄經鉅論傳心者鮮
克精明麗句清辭出世者少如兼濟縣是歷漢水而
德風早偃鑽仰有年入吳邦而名翼愈飛遭逢此日
遂得群心啓顙咸願摳衣翠峯禪院檀越福場宗師
法席漪漣四繞何殊灧澦之寬擢抽千株可奪江陵

之美粗稱來儀知識繼踵佳拼雅膺聖主承祧賢俟
出鎮宜踞法空之座特開心地之門祝萬壽於時君
資百祿於朝宰既臻海衆希振雷音謹疏
上堂汝等諸人盡是久經陣敵慣戰作家倚天長劒
即不問你作麼生是袖裏藏鋒　代云寡不敵衆
又云彼此
上堂寡不敵衆什麼人分上事　代云揔由和尚
又云彼此　又云龍蛇易弁衲子難瞞許你眼正頂
後一相拈得也無　代云收　有時云收之一字欽
氣吞聲作麼生弁　代云衲子難瞞　或云傾湫倒
岳尋常之用不涉泥水道將一句來　代云三千里

外　示衆云三千里外還且如何　代云過　或云
佛未出世時一人人鼻孔遼天出世後爲什麽杳無
消息　代云賊不打貧兒家　問僧云賊不打貧兒
家因什麽却打　代云須到如此　或云祖師不到
處時人知有時人不知處過在祖師作麽生弁　代
云不得春風花不開　上堂云不得春風花不開箇
箇道我會會即且致作麽生擧　代云時人祖師
又云空刼巳前徒指注空刼之後錯商量正當空刼
什麽人爲主　代云本是將軍致太平　有時云太
平本是將軍致莫錯認定盤星我爲你拈了也還會
麽　代云掩面出去　或云交鋒兩刃要定死生彼

此無傷功勳不立作麽生是將軍正令　代云到即
不點　或云到即不點還甘也無　代云赤心片片
有時云釋迦老子出氣不得甚麽處諦訫　代云塡
滿塞壑　又代云退身三步　問云塡滿塞壑負恩
者多甚處見老底　代云香積世界　或云五千四
十八卷止啼之說如今啼止也還我黄葉來　代云
事不孤起　有時云事不孤起你也分一半　代云
哪　又云合到某甲　又云單傳心印過犯彌天甚
人委悉　代云須見如此　上堂云須見如此著甚
來由　代云也是　或云善來文殊還知敗闕麽
代云一箭兩垛　或云一箭兩垛爲什麽却敗闕

代云善來文殊一　或云乾坤前階且致尋見天日道
將一句來　代云悔不慎當初　有時云悔不慎當
初便下座却問僧他後作麼生舉　代云好事不如
無　有時云雄兵百萬且定邊疆劍客三千若爲譽
使　代云不許夜行投明須到　示衆云不許夜行
投明須到何似生　代云孟嘗門下　或云一筆勾
下不甘底出來　代云只宜拄杖子　上堂云只宜
拄杖子勾下爲何人　代云傍觀者　或云威音王
已前無師自悟是第二句還我第一句來　代云掃
土而盡　問僧云掃土而盡你還知麼　代云因誰
致得　有時云三世諸佛說夢六代祖師說夢翠峰

今日說夢還有夢見底麼　代云掀倒禪牀　或云
掀倒禪牀蓋是本分過在什麼處　代云惱亂春風
卒未休　或云奔流度刃也是尋常啐啄同時略請
相見　代云什麼處去也　上堂云什麼處去也
代云日月易流　又云針眼裏藏身即不問你作麼
生是遊戲十方　代云踞虎頭收虎尾　一日云踞
虎頭收虎尾諸方未曾見　代云也是　或云上來
則擾擾端坐則昏昏脫灑一句作麼生道　代云春
無三日晴　示衆云春無三日晴去住還堪笑且問
諸衲僧曬却何晴了　代云某甲只管看　或云有
佛法處不得住無佛法處急走過趙州為什麼摘揚

花　代云更事多矣　問僧更事多矣亦要商量
代云莫教屈著　有時云明眼衲僧入門便話墮三
十年後誰是知音　代云拂袖便出　有時云拂袖
便出也好與三十棒　代云賊過後張弓　或云七
縱八橫拈却把定乾坤眼爲什麼却有沙　代云黄
連未是苦　或云黄連未是苦黄蘗好爲隣　復問
僧還弁得者時節麼　僧云不會　自代云抑已而
已　或云遶天下行脚到處豈無尊宿相爲還有盡
力道得底句麼　代云口只堪喫飯　上堂云口只
堪喫飯雲門大師拈了也你來者裏聽什麼椀鳴聲
以拄杖一時打下代僧當時但近前把住拄杖云和

尚今日圓　又云關捩子即不問上座作麼生是半
頭橫說竪說　代云著甚來由　一日云著甚來由
便下座　代云能有幾箇　有時拈起拄杖云天不
能蓋地不能載復以拄杖一劃云百千諸佛諸代祖
師盡向翠峯乞命　代云官不容針　或云舉一明
三爲什麼不著便　代云作賊人心虛　又云文殊
起佛見法見貶向二鐵圍山衲僧起佛見法見列在
五條椽下翠峯起佛見法見誰敢覷著　代云釋天
在手　或云洞庭湖水一吸淨盡魚鱉向甚處藏身
代云㖿　又云喝下承當崖州萬里棒頭薦得別有
條章作麼生是衲僧本分　代云惡　或云虛空爲

皷須彌爲槌王老師不打還肯得諸方也無　代云
千年田八百主　有時云髑髏常干世界鼻孔摩觸
家風　拈却別致一問來　代云祖師遺下　又云你
若龜頭鼈頭向後莫道親見翠峰好　代云何必
上堂云天不能蓋地不能載衲僧坐斷如恒河沙謂
市裏指出一箇來　代云便摑傍僧　或云生門易
過死門難入逆順無拘底爲什麼不垂手　代云收
得安南又憂塞北　或云荒田不揀草變爲金信手
拈來金變成草古聖日用不知且致你爲什麼臨機
道得　代云如虫禦木
上堂云如來唯一說無二說穿却衲僧鼻孔換却衲

僧眼睛即得若敎我明破恐帶累你不是好人　代
云欲見其師先觀弟子　或云諸佛有難炭庫裏衆
生有難火焰裏你衲僧不得動著代云會般繩墨
或云火待日熱風待月涼北斗南星句不要你道留
與後人點剝　代云一言已出駟馬難追　上堂云
色不異空空不異色團頭甚要古人道了也因什麼
知而故犯　代云爭奈轉多　問僧我道轉多你作
麼生　僧云某甲不會　師云惱亂春風卒未休
或云本分事道我知有將錯就錯甚人承當　代云
不惜眉毛者　或云年來一度春也畢竟事作麼生
代云藏身露影　或云至道無難唯嫌揀擇德山不

在付與黃蘗　代云洗脚上船　復問僧云我恁麽道正是時人窠窟趙州直得五年分踈不下你何不救取　僧無語　師云雪峯道底　上堂云開門待知識知識不來過直得出門相接爲什麽土曠人稀　代云和尚年老　或云放憨道著藥忌即不管你死中得活致將一問來　代云略無些子　上堂云遠則照近則明你會也笠子拄杖拈放一邊入水見長人作麽生弁　代云平出　或云因一事長一智劍筒藥袋不得失却如履輕冰道將一句來　代云以已妨人　又云會則事同一家且放你過不會則事西南北付與驢年　代云一日便頭白　或云今日

也恁麼明日也恁麼第三第四不問你後五日事作麼生
若道只恁麼代云苦哉佛陁耶　有時云什麼劫中無祖
佛你不著便猶可代云解笑底亦少　或云朝堂門下難舉
令　雲門道底不要代云但咳嗽一聲　一日云謀臣猛將用
不著到即不點是什麼人代云不犯之令　上堂云若道得
隔身句知你是箇了事人忽若總道不得我也知爾親代
云猛虎不食其子　一日云千兵易得一將難求上將來也
三軍在什麼處代云退後退後　或云閫內者不出閫外
者不入將相雙行句作麼生道代云弔民伐罪　因普請
問僧甚處來云摘茶來師云盡國裏有玄沙見處還見
麼代但指露柱云和尚問　又問僧甚處來云摘茶來師云
人摘茶茶摘人　不問你無底籃子重多少代云慣得其便

又問僧甚處來云摘茶來云茶叢盡刻作鼻孔茶葉是你眼
睛作麼生摘代云今日不著便一日云佛法不用學鬭言語
成滯百城既未遊樓閣門長閑勸君迴首看請下一轉語
自云莫辜負人好一日問僧南泉斬猫兒你作麼生會云
有什麼難師云作麼生無語代云一刀兩段　一日遊園次問
僧苦瓠連根苦甜瓜徹蔕甜明得箇什麼邊事無對代
云平出一日請益退侍者問訊云和尚不易師云有什麼不
易無對師代云法堂上寸草不生僧便禮拜師云若不是
我 師一日問僧諸方道不得底句你作麼生道僧云天平
地平師云潛麼則黃老師不如你僧無語師云只道得半
師一日見僧來師云是什麼物與麼來僧云口痛祇對和尚
不得師云鼻孔吹僧無語師云黃連未是苦 師一日見云僧

來拈起拄杖云與你二人分取僧云只恐和尚不平
第二僧云鄉上座先到雪竇師云有功者賞　師一
日見二化主城中歸問云你還箇什麽入城教化衆
生僧云雖有好心且無好報第二僧云禍不入慎家
之門師云近火先燋　師一日晚參問僧是什麽時
候也僧應喏師便喝僧云和尚何不領話師云日勢
稍晚　師一日見僧來拈起拄杖云我兩手分付你
作麽生僧退身云不敢師云爲什麽棒上不成龍僧
云三十年後恐辜負和尚師放下拄杖云吽吽　師
一日問僧你見雪竇後録孝僧云見了師云向甚處
見我僧云也知和尚是川中人師舉拄杖打一下云

夢見　師一日見僧出歸師云閙市裏還見天子麼
僧無語師代云非但又云苦哉佛陁耶　一日十數
僧侍立次師云佛法無人說雖恵不能了復問僧還
有無師自拈底麼衆無語師云負命者上鈎　師因
在莊數僧侍立次師問云維摩老云步步是道場者
裏何似山裏衆下語師皆不諾師代云只恐和尚不
肯　師一日問僧你作箇什麼來僧云合靈寶丹來
師云靈即不問作麼生是寶僧云不敢祇對和尚師
不肯自代云洎與和尚答話　師一日問僧你浴未
僧云專甲此生不浴師云你不浴箇什麼僧云今
日被和尚勘破師云賊不打貧兒家　師一日問僧

遊山次到開山和尚塔頭僧云見說開山便是黃巢
師云黃巢是草頭天子爲什麽却作住山人僧云忌
辰也好與他設粥師不肯自代云賞不避仇讎　師
一日同三五僧看種田師云靈苗無根作麽生種僧
云明年更有新條在師云你問我我與你道僧便問
師云分付田舍奴　師一日出城見下院山主師云
旣是山主爲什麽却在城中山主無語師自云負命
者上鉤來　師一日與數僧遊山次見牯牛擧頭師
問水牯牛擧頭作什麽僧云怕和尚穿却師不肯自
云看入草來　師一日燒亡僧師問僧還將得來
麽僧云將得來師云弄假像眞　師一日問僧甚處

來僧云浴來師云三身中那身浴僧云或鼓聲前或鼓聲後師云飽叢林　師一日問僧你尋常爲什麼不上來僧云長上來只是門閉師云爲什麼不入來僧云來也師云賊過後張弓　師一日爲首座寫眞師云既是首座爲什麼却有兩箇首座云爭之不足師云你問我我與你道首座擬問師云雪竇門下巨宋太宗皇帝因事六問當時無人奏對　因入寺見僧看經問云看什麼經對云仁王經帝云既是寡人經爲甚在卿手裏師代云皇天無親唯德是輔因入塔院問僧卿是甚人僧云塔主云此是寡人塔爲什麼卿作主代云蓋國咸知　因僧燒却藏經朝

見告乞宣問昔日摩騰不燒如今爲什麼燒却代云陛下不忘付囑　因帝夜夢神人報云請陛下發菩提心帝至曉宣問左右街菩提心作麼生發代云實謂今古罕聞　因僧朝見帝問甚處來云臥雲來帝曰朕聞臥雲深處不朝天爲什麼却到者裏代云難逃至化　因僧朝見帝賜坐僧云陛下還記得麼帝云甚處相見來僧云靈山一别直至如今帝曰以何爲驗無對代云貧道得得而來　唐憲宗迎舍利現五色光百辟俱賀惟韓愈端立帝問百寮皆賀卿爲甚不賀愈曰臣嘗看經來佛光非青黄赤白等相此是神龍荷助之　帝云作麼生是佛光代云陛下高

垂天鑒　裴相公捧一尊佛像於黃蘗前跪云請師
安名蘗云裴休師代相公當時便喝　廣南劉王請
雲門入内於含春殿坐次帝令覲常侍官問靈樹菓
子熟也未門云甚年中得信道生師代遣語云猶帶
酸澁在又代雲門云聖意難測又云嗒嗒復嘗問如
何是禪云皇帝有勅臣僧對代進語云錯又代雲門
云念以臣僧年邁　龍光問僧名什麼云自觀光云
自觀見什麼代云有悞龍光　悟空禪師問座主講
什麼經云法華經空云有説法華經處我現寶塔當
爲證明座主講請甚人證明代云私通車馬　投子
示衆云汝等諸人盡道我貿頭若出門三步有人問

你作麼生是投子實頭處作麼生道代云疑煞天下人　有老宿見官人手中執笏乃問在官人手中爲笏在天子手中爲珪在老僧手中喚作什麼代云弄巧成拙　四祖到牛頭後庵見虎便作怕勢牛頭云和尚猶有者箇在祖云適來見什麼代云但亦作怕勢又代云洎合放過　僧問惠濟古人道得坐披衣向後自看如何是得坐披衣濟云暢我平生代云啫啫　問投子定慧等學明見佛性此理如何投子云打水用桶釜甑用杓代云爭得不問　玄沙見孚上座便云新到相看孚云已相見了也沙云什麼劫中曾相見來孚云莫瞌睡別云者賊敗也　玄沙與地

藏在方丈說話夜深沙云侍者關閉子門汝作麼生
出得地藏云喚甚麼作門別云珍重便行　崇壽問
僧泉眼不通被沙礙道眼不通被甚麼礙僧云眼礙
別云強將下無弱兵　保福在疾問僧我與你相識
年深有何名方妙藥相救僧云藥方甚有聞說和尚
不解忌口別云只恐難爲和尚　有西天聲鳴三藏
到三大王處王令玄沙驗過玄沙以銅火筯擊鐵火
爐問三藏云是什麼聲云銅鐵聲沙云大王莫受外
國人瞞師別云大王宜加信敬又別三藏云莫瞞外
國人　國師問座主講什麼經云金剛經國師云最
初是什麼字座主云如是國師云是什麼別云以拄

杖便打　陸郎中問仰山如何是不斷煩惱而入涅槃仰山竪拂子郎中便拜異時仰山却問郎中曾問不斷煩惱而入涅槃老僧竪拂子郎中作麼生會陸云據某甲見處入之一字也不用得仰山云入之一字不爲郎中師云作麼生會云別陸云拂子到某甲手裏也又別仰山後語云我將謂你是箇俗漢　陸大夫問南泉大悲菩薩甚處得許多手眼來泉云如國家用大夫作什麼別云不及大夫所問　僧問雲門十方薄伽梵一路涅槃門如何是一路涅槃門門云我道不得云和尚爲什麼道不得云你舉話即得別云茂水無魚徒勞下釣　吳尚書訪睦州至門首便

問三門俱開弟子從何門而入睦召尚書尚書應諾
睦云從信門而入别云客是主人相師　南泉遷化
陸亘大夫到院主云大夫何不哭大夫云道得即哭
長慶代云合笑不合哭别云蒼天蒼天　雲巖遷化
時道吾問離却殼漏子了後向何處再得相見巖云
向不生不滅處相見别云喚侍者與我記取者一問
僧問法燈百骸俱潰散一物鎮長靈未審百骸一物
相去多少燈云百骸一物一物百骸别云吾不如汝
僧問歸宗如何是佛宗云我向你道還信麼云和尚
言重爭得不信宗云只汝便是别云侍者寮裏喫茶
去　麻谷持錫到國師處振錫而立國師云汝既如

是何用見吾谷又振錫一下别云洎不到此　妙濟
於僧前書一字問云是什麽僧云不識濟云滿口道
著别云老僧罪過　僧問曹山清稅孤貧請師拯濟
山云稅闍梨應喏山云清源白家酒三盞猶道未霑
唇别云稅闍梨應喏是什麽心行　僧問玄覺先師
舉不及處請和尚舉覺云聽者須是奇人别云大衆
看者一負禪客　石頭問讓大師不慕諸聖不重己
靈時如何讓云子問太高生何不向下問將來别云
三十棒教誰與　僧問玄沙盡十方世界是一顆明
珠學人爲什麽不會沙云用會作麽别云諸方即許
我者裏不得　玄沙問南際一云此事唯我能知長老

作麼生會際云須知有百求知者別云雪峯門下幾箇如斯　法眼問百法座主云百法是體用雙陳明門是能所兼舉座主是能法座是所作麼生說箇兼舉有老宿代云和尚喚什麼作法座別云和尚分半院與某甲始得　睦州問座主講什麼經云涅槃經州云問大德一段義得麼云問什麼義州以脚趯一吹云者箇是什麼義云經中無此義州云脫空謾語漢此是五百力士揭石義麼老宿代云和尚瞞某甲瞞大衆別云和尚慣得其便　雲門示衆云世尊生下一手指天一手指地周行七步目顧四方云天上天下唯我獨尊我當時若見一棒打殺與狗喫却貴

得天下太平法眼云雲門氣勢甚大要且無佛法道
理老宿代云將謂無人證明別云鈎在不疑之地
巖頭雪峯欽山三人坐次洞山點茶來欽山閉眼洞
云什麼處去來欽山云入定來洞云定本無門從何
而入老宿代云大有人恁麼會別云當時但指巖頭
雪峯云與者兩箇瞌睡漢茶喫　雲門問僧近離甚
處云新羅門云將甚麼過海云草賊大敗門云你爲
什麼在我手裏僧云恰是別云嘘嘘　雲門到洞巖
得數日上叅恰見巖下來巖問什麼處去云親近去
巖云亂走作什麼云暫時不在巖云什麼處去來別
云好與三十棒　東平問官人風作何色無對却問

僧僧提起衲衣云者箇恁麼下鍬子云用多少皁子
別云蝦跳不出斗　雲門問曹山密密為什麼不知
有山云只為密密所以不知有別云達磨來也　雲
峯在國清拈起鉢盂問座主道得與你鉢盂主云既
是化佛邊事別云只恐鈍置和尚峯當時云你作座
主奴也未得主云某甲不會峯云你問我我與你道
座主方禮拜峯便踏倒後座主舉似雲門云某甲得
七年方見門云你得七年方見云是別云草賊敗也
道吾見雲巖掃地問云太驅驅生巖云須知有不驅
驅者吾云恁麼有第二月也別云洎合放過　清峯
辭雪峯問甚處去清峯云識得侍者漢即知去處　云

你是了事人亂走作甚麽 別云西天斬頭截臂清峯當時云和尚莫塗汚人好雪云我即塗汚你你道古人吹布毛作麽生清峯云殘羮餿飯已有人喫了也雪峯休去師出雪峯語云一死更不再活 韶山勘僧云莫便是多口白頭因云不敢韶云多少口云徧身是韶云大小二事向甚處出云韶山口裏別云從來疑著韶山 保福到庵主處茶話次庵主云有僧問某甲如何是祖師西來意某竪起拂子不知得不得福云某爭敢道得不得有箇問有人讚嘆此事如虎帶角有人輕毀此事分毫不直一等是恁麽事爲什麽讚毀不同庵主云適來出自偶爾有老宿云毀

又爭得又老宿云惜取眉毛師都別云若非和尚證
明拂子一生無用
石頭大師叅同契
予嘗覽斯作頗見開士皆擒辭肇極成賛嚴道
因亦隨興以擬之匪求蝕木於文也噫先覺洪
規可洞照遐古豈復情謂踰越於其閒哉蓋往
往學者抑問勉意不獲而已其或金沙混流淘
之汰之固必存彼匠手明矣
竺土大僊心 誰是能舉 東西密相付 惜取眉毛
人根有利鈍 作麼生 道無南北祖 且欸欸
靈源明皎潔 撫掌呵呵 枝派闇流注 亦未相許

執事元是迷 展開兩手
契理亦非悟 括却了也
門門一切境 拈短從長
迴互不迴互 以頭換尾
迴而更相涉 者箇是拄杖子
不爾依位住 莫錯認定盤星
色本殊質像 豈弁開眸
聲元異樂苦 還同掩耳
闇合上中言 心不負人
明明清濁句 口宜挂壁
四大性自復 隨所依
如子得其母 可知也
火熱風動搖 春水自消
水濕地堅固 從旦至暮
眼色耳音聲 海晏河清
鼻香舌鹹醋 可遷可據
然於一一法 重報君
依根葉分布 好明取
本末須歸宗 唯我能知
尊卑用其語 不犯之令
當明中有暗 暗必可明
勿以暗相遇 明還非覩

當暗中有明 一見三 勿以明相覩 無異說
明暗各相對 若爲分 比如前後步 不如此
萬物自有功 旨爾寧止 當言用及處 縱橫十字
事存函蓋合 子細看 理應箭鋒拄 莫教錯
承言須會宗 未兆非明 勿自立規矩 実出難弁
觸目不會道 又何妨 運足焉知路 也不惡
進步非近遠 唱彌高 迷隔山河固 和彌寡
謹白參玄人 聞必同歸 光陰莫虛度 誠哉是言也

眞讚

禪定大師

虛凝不器有象殊域伊何郢流卓爾原極鷲峯崔嵬

蟾輪乍回列刹望重勞生眼開開世誰覩迅振高古
或葉或花自三自五天子褒稱兮禪定師而今而後
兮香風吹
集賢殿學士曾侯
天石麟豈輕獻日角月角藏億萬當年文陣獲全功
不奪龍頭幾人怨
若冰大師
水之有光非珠澄徹山之有光非玉凝潔若冰大師
殊彼清絕殊兮必群絕兮可覩一字根極三千頂住
乍曰義龍或稱律虎相對風規分不分金田獨步君
看取

清照大師

巨海秋碧鼇峯晝寒巧出匠手依依對看寶几乍覓花巾非結以熠續熠話月指月古兮今兮請試甄別

恭首座

道離微兮誰與隣貌古澹兮飛清塵巖檜蒼蒼經幾春乳竇堂中第一人

禪徒寫予幻質復請爲讃辭曰

祖佛怨兮非其師叢林害兮誰相資冰枯雪殘深索索水冷雲澹空纍纍寶聖錯僧瑤知人間天上爭容伊

周生強圖夢身予亦不能伏筆

上下三指彼此七馬拈花未曾微笑何也石謂玉兮
器必分水凌虛兮月非下不知誰是傍觀者

又

咄者枯耕遽生瓜葛來自三川欺予兩浙指鹿爲馬
將日作月罪兮彌天焉可分說

廣慧禪師

寥寥雄機落落虛宇本之不非傳之奚取取既有規
規還倫古凝明孤覔垂應萬端海蚌光絕天珠影殘
南來北來玄眸可觀

安巖山照禪師 并序

愚昔游漢水抵廬嶽率訪叢室襲禪宗流偕

象馬蹴踏至於心口憤悱品藻當代誠難其
師然非厚誣方來且揎掌輪握何取豈斯歟
陪老作覩繪眞相古之今之歎恨亡矣高深
莫究其極明晦靡盡其際故時欽依乃勉揆
稱詠庶文外之士道存而同歸者也

覺雄慧燈記飲光滅光聯不已龍昌遽絕善續者誰
梅峯之師化偃二浙聲流四維大名無當高讓太白
韜晦殊運虛明曠索歸休安巖寒籠翠杉我笑方外
花非類嚼郢工筆狂梵儀頓舉有雲頂絲秋蟾夜濤
靜應南軒兮相對時空生未解兮聞斯語開眸凝瞻遐雷不及掩耳

瀑泉集竟

宋板雪竇語錄

泰興季氏秘笈芥頫室

藏隴西李福題

雪竇顯和尚明覺大師頌古集序

昔雪峯以吾佛之道唱於閩雲門繼而和於韶自時而降廣厥聲者夥矣然皆未甚爛赫於世也天禧中雪竇始以是道宏其音高其調藹然鼓之于吳吳繇是吳之學佛輩翕然嚮變格于正始迨今洋洋焉不可勝計大哉眞諦之爲言也視焉而無際徇焉而無朕非夫至神洞照者雖復歷于世數勤以求之勞形斃竭思慮曾莫得其髣髴焉必藉先覺爲之啓發不一瞬間而妙圓已極今雪竇應昌期以挺其粹嗣智門以恢其宗軟語微言固已盛行於世矣今又採古聖機緣之妙者凡一百則發言以爲頌由頌以宣義由義

以垂裕俾夫昧者明窒者通泥而不能致遠者咸有所救焉且夫靜以虛其應動以利于物此先聖人之能事也揭是事而行之于澆季循循而不怠愚未見有如雪竇者矣門弟子遠塵既繕錄之小子曇玉復繼而序之歲攝提格月仲壯哉生魄

參學小師　遠塵　集

舉梁武帝問達磨大師如何是聖諦第一義達磨云廓然無聖帝云對朕者誰達磨云不識帝不契遂渡江至魏武帝舉問志公志公云陛下還識此人否帝曰不識志公云此是觀音大士傳佛心印帝悔遂遣使取志公云莫道陛下發使去取闔國

人去他亦不迴頌曰
聖諦廓然何當辨的對朕者誰還云不識因茲暗渡
江豈免生深棘闔國人追不再來千古萬古空相憶
休相憶清風匝地有何極師顧視左右云這裏還有
祖師麼自云有喚來與老僧洗脚
舉趙州示衆云至道無難唯嫌揀擇纔有語言是
揀擇是明白老僧不在明白裏是汝還護惜也無
時有僧問云既不在明白裏護惜箇什麼州云我
亦不知僧云和尚既不知爲什麼道不在明白裏
州云問事即得禮拜了退頌曰
至道無難言端語端一有多種二無兩般天際日上

月下檻前山深水寒髑髏識盡喜何立枯木龍吟消
未乾難難揀擇明白君自看
舉馬大師不安院主問和尚近日尊位如何大師
云日面佛月面佛頌曰
日面佛月面佛五帝三皇是何物二十年來曾苦辛
爲君幾下蒼龍窟屈堪述明眼衲僧莫輕忽
舉德山到潙山挾複子於法堂上從西過東從
東過西邊顧視云無無便出師著語云勘破了也
德山至門首却云也不得草草便具威儀再入相
見潙山坐次德山提起坐具云和尚潙山擬取拂
子德山便喝拂袖而出師著語云勘破了也德山

背却法堂著草鞋便行溈山至晚問首座適來新
到在什麼處首座云當時背却法堂著草鞋出去
也溈山云此子已後向孤峯頂上盤結草庵呵佛
罵祖去在師著語云雪上加霜頌曰
勘破二勘破雪上加霜曾險墮飛騎將軍入虜庭
賊得完全能幾箇急走過不放過孤峯頂上草裏坐、
咄
舉雪峯示衆云盡大地撮來如粟米粒大拋向面
前漆桶不會打鼓普請看頌曰
牛頭沒馬頭迴曹溪鏡裏絕塵埃打鼓看來君不見
百花春至為誰開

舉雲門大師垂語云十五日已前不問汝十五日已後道將一句來自代云日日是好日頌曰

去却一拈得七上下四維無等匹徐行踏斷流水聲縱觀寫出飛禽跡草茸茸煙冪冪空生巖畔花狼藉彈指堪悲舜若多莫動著動著三十棒

舉僧問法眼慧超咨和尚如何是佛法眼云汝是慧超頌曰

江國春風吹不起鷓鴣啼在深花裏三級浪高魚化龍癡人猶戽夜塘水

舉翠巖夏末示衆云一夏已來爲兄弟說話看翠巖眉毛在麽保福云作賊人心虛長慶云生也雲

門云關頌曰
翠巖示徒千古無對關字相酬失錢遭罪潦倒保福
抑揚難得嘮嘮翠巖分明是賊白珪無玷誰辨眞假
長慶相諳眉毛生也
舉僧問趙州如何是趙州州云東門南門西門北
門頌曰
句裏呈機劈面來爍迦羅眼絶纖埃東南西北門相
對無限輪鎚擊不開
舉睦州問僧近離什麼處僧便喝州云老僧被汝
一喝僧又喝州云三喝四喝後作麼生僧無語州
便打云這掠虛漢頌曰

兩喝與三喝作者知機變若謂騎虎頭二俱成瞎漢
誰瞎漢拈來天下與人看
舉黃蘗和尚示衆云汝等諸人盡是噇酒糟漢與
麽行脚何處有今日還知大唐國裏無禪師麽時
有僧出云只如諸方匡徒領衆又作麽生蘗云不
道無禪只是無師頌曰
凛凛孤風不自誇端居寰海定龍蛇大中天子曾輕
觸三度親遭弄爪牙
舉僧問洞山如何是佛山云麻三斤頌曰
金烏急玉兎速善應何曾有輕觸展事投機見洞山
跛鼈盲龜入空谷花簇簇錦簇簇南地竹兮北地木

因思長慶陸大夫解道合笑不合哭咦

舉僧問巴陵如何是提婆宗巴陵云銀椀裏盛雪

頌曰

老新開端的別解道銀椀裏盛雪九十六箇應自知

不知却問天邊月提婆宗提婆宗赤幡之下起清風

舉僧問雲門如何是一代時教門云對一說頌曰

對一說太孤絶無孔鐵鎚重下楔閻浮樹下笑呵呵

昨夜驪龍拗角折別別韶陽老人得一橛

舉僧問雲門不是目前機亦非目前事時如何雲

門云倒一說頌曰

倒一說分一節同死同生爲君决八萬四千非鳳毛

三十三人入虎穴别别擾擾忩忩水裏月

舉僧問鏡清學人啐請師啄清云還得活也無僧云若不活遭人恠笑清云也是草裏漢頌曰

古佛有家風對揚遭貶剥子母不相知是誰同啐啄

啄覺猶在殼重遭撲天下衲僧徒名邈

舉僧問香林如何是祖師西來意林云坐久成勞

頌曰

一箇兩箇千萬箇脱却籠頭卸角䭾左轉右轉隨後來紫胡要打劉鐵磨

舉肅宗帝問忠國師百年後所須何物國師云與老僧作箇無縫塔帝曰請師塔樣國師良久云會

諸師云吾有付法弟子躭源却諳此
事請詔問之國師遷化後肅宗帝詔躭源問此意
如何源云湘之南潭之北師云獨掌不浪鳴中有黃金充
一國山形拄杖子無影樹下合同船海晏河清琉璃殿上無
知識拈了也頌曰
無縫塔見還難獨澄潭不許蒼龍蟠層層落落影團團千
古萬古與人看
舉俱胝和尚凡有所問只竪一指頌曰
對揚深愛老俱胝宇宙空來更有誰曾向滄溟下浮
木夜濤相共接盲龜
舉龍牙問翠微如何是祖師西來意微云與我過

禪板來牙取禪板與翠微微接得便打牙云打即
任打要且無祖師意又問林際如何是祖師西來
意際云與我過蒲團來牙取蒲團與臨際際接得
便打牙云打即任打要且無祖師意頌曰
龍牙山裏龍無眼死水何曾振古風禪板蒲團不能
用只應分付與盧公
師拈云這老漢也未得勦絶復成頌曰
盧公付了亦何憑坐倚休將繼祖燈堪對暮雲歸未
合遠山無限碧層層
舉僧問智門蓮花未出水時如何智門云蓮花僧
云出水後如何智門云荷葉頌曰

蓮花荷葉報君知出水何如未出時江北江南問王
老一狐疑了一狐疑

舉雪峯示衆云南山有一條鼈鼻蛇汝等諸人切
須好看長慶出云今日堂中大有人喪身失命僧
舉似玄沙沙云須是稜兄始得然雖如此我即不
與麽僧云和尚作麽生沙云用南山作麽雲門以
拄杖攛向雪峯面前作怕勢頌曰
象骨巖高人不到到者須是弄蛇手稜師備師不柰
何喪身失命有多少韶陽知重撥草南北東西無處
討忽然突出拄杖頭拋對雪峯大張口大張口兮同
閃電剔起眉毛還不見如今藏在乳峯前來者一一

看方便師高聲喝云看脚下
舉保福長慶遊山次福以手指云只這裏便是妙
峯頂慶云是即是可惜許師著語云今日共這漢
遊山圖什麼復云百千年後不道無只是少後舉
似鏡清清云若不是孫公便見髑髏徧野頌曰
妙峯孤頂草離離拈得分明付與誰不是孫公辨端
的髑髏著地幾人知
舉劉鐵磨到潙山山云老牸牛汝來也磨云來日
臺山大會齋和尚還去麼山放身臥磨便出去頌
曰
曾騎鐵馬入重城勑下傳聞六國清猶握金鞭問歸

客夜深誰共御街行
舉蓮花峯庵主拈拄杖示衆云古人到這裏爲什
麼不肯住衆無語自云爲他途路不得力復云畢
竟如何又自云楖栗横擔不顧人却入千峯萬峯
去頌曰
眼裏塵沙耳裏土千峯萬峯不肯住落花流水太茫
茫剔起眉毛何處去
舉僧問百丈如何是奇特事丈云獨坐大雄山僧
禮拜丈便打頌曰
祖域交馳天馬駒化門舒卷不同途電光石火存機
變堪笑人來捋虎鬚

舉僧問雲門樹凋葉落時如何門云體露金風頌曰

問旣有宗荅亦攸同三句可辨一鏃遼空大野兮涼飆颯颯長天兮踈雨濛濛君不見少林久坐未歸客靜依熊耳一叢叢

舉南泉參百丈涅槃和尚丈問從上諸聖還有不爲人說底法麼泉云有丈云作麼生是不爲人說底法泉云不是心不是佛不是物丈云說了也泉云某甲只與麼和尚作麼生丈云我又不是善知識爭知有說不說泉云某甲不會丈云我大煞爲汝說也頌曰

禮拜讚來不爲人衲僧今古覓頭走明鏡當臺列象殊一二面南看北斗斗柄垂無處討拈得鼻孔失却口

舉僧問大隨劫火洞然大千俱壞未審這箇壞不壞隨云壞僧云與麼則隨他去也隨云隨他頌曰

劫火光中立問端衲僧猶滯兩重關可憐一句隨他語萬里區區獨往還

舉僧問趙州承聞和尚親見南泉是否州云鎮州出大蘿蔔頭頌曰

鎮州出大蘿蔔天下衲僧取則只知自古自今爭辨鵠白烏黑賊賊衲僧鼻孔曾拈得

舉麻谷持錫到章敬遶繩床三匝振錫一下卓然
而立章敬云是是師著語云錯麻谷又到南泉遶
繩床三匝振錫一下卓然而立泉云不是不是師
著語云錯谷當時下章敬道是和尚爲什麼道不
是泉云章敬即是是汝不是此是風力所轉終成
敗壞頌曰
此錯彼錯切忌拈却四海浪平百川潮落古策風高
十二門門門有路空蕭索非蕭索作者好求無病藥
舉定上座問臨際如何是佛法大意際下繩床擒
住與一掌便托開定佇立傍僧云定上座何不禮
拜定方禮忽然大悟頌曰

斷際全機繼後蹤持來何必在從容巨靈擡手無多
子分破華山千萬重
舉陳操尚書看資福福見來便畫一圓相陳操云
弟子恁麼來早是不著便更畫圓相資福便掩却
門師云陳操只具一隻眼頌曰
團團珠繞玉珊珊馬載驢駝上鐵船分付海山無事
客釣鰲時下一捲攣師復云天下衲僧跳不出
舉仰山問僧近離甚處僧云廬山仰山云曾到五
老峯麼僧云不曾到仰山云闍黎不曾遊山雲門
云此語皆為慈悲之故有落草之譚頌曰
出草入草誰解尋討白雲重重紅日杲杲左顧無暇

右眄[illegible]老君不見寒山子行太早十年歸不得忘却却來時道

舉文殊問無著近離甚處著云南方殊云南方佛法如何住持著云末法比丘少奉戒律殊云多少衆著云或三百或五百著問此間如何住持殊云凡聖同居龍蛇混雜著云多少衆殊云前三三後三三頌曰

千峯盤屈色如藍誰謂文殊是對譚堪笑清涼多少衆前三三與後三三

舉長沙一日遊山歸至門首首座問和尚什麼處去來沙云遊山來座云到什麼處來沙云始隨芳

草去又逐落花迴座云大似春意沙云也勝秋露
滴芙蕖師著語云謝答話頌曰
大地絕纖埃何人眼不開始隨芳草去又逐落花迴
羸鶴翹寒木狂猿嘯古臺長沙無限意咄
舉槃山垂語云三界無法何處求心頌曰
三界無法何處求心白雲為蓋流泉作琴一曲兩曲
無人會雨過夜堂秋水深
舉風穴在郢州衙內上堂云祖師心印狀似鐵牛
之機去即印住住即印破只如不去不住印即是
不印即是時有盧陂長老出問某甲有鐵牛之機
請師不搭印風穴云慣釣鯨鯢澄巨浸却嗟

驪泥沙又佇思穴喝云長老何不進語陂擬議穴
打一拂子云還記話頭麼試舉看盧陂擬開口穴
又打一拂子牧主云佛法與王法一般穴云見箇
什麼牧主云當斷不斷返招其亂穴便下座頌曰
擒得盧陂跨鐵牛三玄戈甲未輕酬楚王城畔朝宗
水喝下曾令却倒流
舉僧問雲門如何是清淨法身門云花藥欄僧云
便與麼去時如何門云金毛師子頌曰
花藥欄莫顢頇星在秤兮不在盤便與麼太無端金
毛師子大家看
舉陸亘大夫與南泉語話次大夫云肇法師道天地

一六〇

同根萬物一體也甚奇怪南泉指庭前花召大夫
云時人見此一株花如夢相似頌曰
聞見覺知非一一山河不在鏡中觀霜天月落夜將
半誰共澄潭照影寒
舉趙州問投子大死底人却活時如何投子云不
許夜行投明須到頌曰
活中有眼還同死藥忌何須鑒作家古佛尚言曾未
到不知誰解撒塵沙
舉龐居士辭藥山山命十人禪客相送至門首士
指空中雪云好雪片片不落別處時有全禪客云
落在什麼處士打一掌全云居士也不得草草士

云汝恁麼稱禪客閻老子未放汝在全云居士作
麼生士又打一掌云眼見如盲口說如啞師別初
問處但握雪團便打頌曰
雪團打雪團打龐老機關沒可把天上人間不自知
眼裏耳裏絕瀟灑瀟灑絕碧眼胡僧難辨別
舉僧問洞山和尚寒暑到來如何迴避山云何不
向無寒暑處僧云如何是無寒暑處山云寒時寒
殺闍黎熱時熱殺闍黎頌曰
垂手還同萬仞崖正偏何必在安排琉璃古殿照明
月忍俊韓獹空上階
舉禾山垂語云習學謂之聞絕學謂之鄰過此二

者是爲真過僧出問如何是真過山云解打鼓問
如何是真諦山云解打鼓問即心即佛即不問如
何是非心非佛山云解打鼓問向上人來如何接
山云解打鼓頌曰
一拽石二般土發機須是千鈞弩象骨老師曾輥毬
爭似禾山解打鼓報君知莫莽鹵甜者甜兮苦者苦
舉僧問趙州萬法歸一一歸何處州云我在青州
作一領布衫重七斤頌曰
編辟曾挨老古錐七斤衫重幾人知如今拋擲西湖
裏下載清風付與誰
舉鏡清問僧門外什麼聲僧云雨滴聲清云衆生

顛倒迷己逐物僧云和尚作麽生清云洎不迷己
僧云洎不迷己意旨如何清云出身猶可易脫體
道應難頌曰
虛堂雨滴聲作者難酬對若謂曾入流依前還不會
會不會南山北山轉霶霈
舉僧問雲門如何是法身門云六不收頌曰
一二三四五六碧眼胡僧數不足少林謾道付神光
卷衣又說歸天竺天竺茫茫無處尋夜來却對乳峯
宿
舉王太傅入招慶煎茶時朗上座與明招把銚朗
翻却茶銚太傅見問上座茶爐下是什麽朗云捧

爐神太傅云既是捧爐神爲什麽翻却茶朗云信
官千日失在一朝太傅拂袖便去明招云朗上座
喫却招慶飯了却江外打野榸朗云上座作麽生
招云非人得其便師云當時但踏倒茶爐頌曰
來問若成風應機非善巧可悲獨眼龍曾未呈牙爪
牙爪開生雲雷逆水之波經幾廻
舉三聖問雪峯透網金鱗未審以何爲食峯云待
汝出網來向汝道聖云一千五百人善知識話頭
也不識峯云老僧住持事煩頌曰
透網金鱗休云滯水搖乾蕩坤振鬣擺尾千尺鯨噴
洪浪飛一聲雷振清飆起清飆起天上人間知幾幾

舉僧問雲門如何是塵塵三昧門云鉢裏飯桶裏

水頌曰

鉢裏飯桶裏水多口阿師難下觜北斗南星位不殊

白浪滔天平地起擬不擬止不止箇箇無裩長者子

舉雪峯住庵時有兩僧來禮拜峯見來以手托庵

門放身出云是什麼僧亦云是什麼峯低頭歸庵

僧後到巖頭頭問什麼處來僧云嶺南來頭云曾

到雪峯麼僧云曾到頭云有何言句僧舉前話頭

云他道什麼僧云他無語低頭歸庵頭云噫我當

初悔不向他道末後句若向伊道天下人不奈雪

老何僧至夏末㦯舉前話請益頭曰向不早問僧

云未敢容易頭云雪峯雖與我同條生不與我同
條死要識末後句只這是頌曰
末後句爲君說明暗雙雙底時節同條生也共相知
不同條死還殊絶還殊絶黄頭碧眼須甄别南北東
西歸去來夜深同看千巖雪
舉僧問趙州久響趙州石橋到來只見略彴州云
汝只見略彴不見石橋僧云如何是石橋州云渡
驢渡馬頌曰
孤危不立道方高入海還須釣巨鼇堪笑同時灌溪
老解云劈箭亦徒勞
舉馬大師與百丈行次見野鴨子飛過大師云是

什麼丈云野鴨子大師云什麼處去也丈云飛過
去也大師遂扭百丈鼻頭丈作忍痛聲大師云何
曾飛去頌曰
野鴨子知何許馬祖見來相共語話盡山雲海月情
依前不會還飛去欲飛去却把住道道
舉雲門問僧近離甚處僧云西禪門云西禪近日
有何言句僧展兩手門打一掌僧云某甲話在門
却展兩手僧無語門便打頌曰
虎頭虎尾一時收凜凜威風四百州却問不知何太
險師云放過一著
舉道吾與漸源至一家弔慰源拍棺木云生耶死

耶吾云生也不道死也不道源云爲什麽不道吾云不道不道迴至中路源云和尚快與某甲道著不道打和尚去吾云打即任打道即不道源便打後道吾遷化源至石霜舉似前話霜云生也不道死也不道源云爲什麽不道霜云不道不道源於言下有省一日將鍬子於法堂上東邊過西邊西邊過東邊霜云作什麽源云覓先師靈骨霜云洪波浩渺白浪滔天覓什麽先師靈骨師著語云蒼天蒼天源云正好著力太原孚云先師靈骨猶存

頌曰

兎馬有角牛羊無角絶毫絶氂如山如嶽黄金靈骨

今猶在曰浪滔天何處著無處著隻履西歸曾失却
舉良禪客問欽山一鏃破三關時如何云放出關
中主看良云與麼則知過必改山云更待何時良
云好箭放不著所在便出山云且來闍黎良迴首
山把住云一鏃破三關即且致試與欽山發箭看
良擬議山打七棒云且聽這漢疑三十年
頌曰
與君放出關中主放箭之徒莫莽鹵取箇眼兮耳必
聾捨箇耳兮目雙瞽可憐一鏃破三關的的分明箭
後路君不見玄沙有言兮大丈夫先天為心祖
舉僧問趙州至道無難唯嫌揀擇如何是不揀擇

州云天上天下唯我獨尊僧云此猶是揀擇州云
田庫奴什麽處是揀擇僧無語
頌曰
似海之深如山之固蚊䖟弄空裏猛風螻蟻撼於鐵
柱揀兮擇兮當軒布鼓
舉僧問趙州至道無難唯嫌揀擇是時人窠窟否
州云曾有人問我直得五年分踈不下
頌曰
象王嚬呻師子哮吼無味之談塞斷人口南北東西
烏飛兎走
舉僧問趙州至道無難唯嫌揀擇纔有語言是揀

擇和尚如何爲人州云何不引盡這語僧云某甲
只念到這裏州云只這至道無難唯嫌揀擇
頌曰
水灑不著風吹不入虎步龍行鬼號神泣頭長三尺
知是誰相對無言獨足立
舉雲門以拄杖示衆云拄杖子化爲龍吞却乾坤
了也山河大地甚處得來
頌曰
拄杖子吞乾坤徒説桃花浪奔燒尾者不在拏雲攫
霧曝腮者何必喪膽忘魂拈了也聞不聞直須灑灑
落落休更紛紛紜紜七十二棒且輕恕一百五十難

放君師翦拈拄杖下座大衆一時走散

舉風穴垂語云若立一塵家國興盛不立一塵家國喪云師拈拄杖云還有同生同死底衲僧麽

頌曰

野老從教不展眉且圖家國立雄基謀臣猛將今何在萬里風清只自知

舉雲門垂語云乾坤之内宇宙之間中有一寶秘在形山拈燈籠向佛殿裏將三門來燈籠上頌曰

看看古岸何人把釣竿雲冉冉水漫漫明月蘆花君自看

舉南泉一日東西兩堂爭猫兒南泉見遂[illegible]

得臥二六斬[illegible]　[illegible]泉斬貓兒爲兩段頌曰
兩堂俱是杜禪和撥動煙塵不奈何賴得南泉能舉
令一刀兩段任偏頗
南泉復舉前話問趙州州便脫草鞋於頭上戴出
泉云子若在恰救得貓兒頌曰
公案圓來問趙州長安城裏任閑游草鞋頭戴無人
會歸到家山便即休
舉外道問佛不問有言不問無言世尊良久外道
讚歎云世尊大慈大悲開我迷雲令我得入外道
去後阿難問佛云外道有何所證而言得入佛云
如世良馬見鞭影而行頌曰

機輪曾未轉轉必兩頭走明鏡忽臨臺當下分妍醜
妍醜分兮迷雲開慈門何處生塵埃因思良馬窺鞭
影千里追風喚得迴喚得迴鳴指三下
舉僧問大龍色身敗壞如何是堅固法身龍云山
花開似錦澗水湛如藍頌曰
問曾不知荅還不會月冷風高古巖寒檜堪笑路逢
達道人不將語默對手把白玉鞭驪珠盡擊碎不擊
碎增瑕纇國有憲章三千條罪
舉雲門大師垂語云古佛與露柱相交是第幾機
自代云南山起雲北山下雨頌曰
南山雲北山雨四七二三面相覩新羅國裏曾上堂

大唐國裏未才歇苦中樂樂中苦誰道黃金如糞土
舉巖頭問僧什麼處來僧云西京來頭云黃巢過後還收得劍麼僧云收得巖頭引頸近前云㘞僧云師頭落也巖頭呵呵大笑僧後到雪峯峯問什麼處來僧云巖頭來峯云有何言句僧舉前話雪峯打三十棒趂出頌曰
黃巢過後曾收劍大笑還應作者知三十山藤且輕恕得便宜是落便宜
舉梁武帝請傅大士講經大士便於座上揮案一下便下座武帝愕然志公問陛下還會麼帝云不會公云大士講經竟頌曰

不向雙林寄此身卻於梁土惹埃塵當時不得志公
老也是恓恓去國人
舉仰山問三聖汝名什麼聖云慧寂山云慧寂是
我聖云我名慧然仰山呵呵大笑頌曰
雙收雙放若爲宗騎虎由來要絕功笑罷不知何處
去只應千古動悲風
舉南泉歸宗麻谷同去禮拜忠國師至路南泉於
地上畫一圓相云道得即去歸宗於圓相中坐麻
谷便作女人拜泉云恁麼則不去也宗云是什麼
心行頌曰
由基箭射猿遶樹何太直千箇與萬箇是誰曾中的

相喚相呼歸去來曹溪路上休登陟復云曹溪路坦平爲什麽休登陟

舉溈山五峯雲巖同侍立百丈百丈問溈山併却咽喉唇吻作麽生道溈山云却請和尚道百丈云我不辭向汝道恐已後喪我兒孫頌曰

却請和尚道虎頭生角出荒草十洲春盡花凋殘珊瑚樹林日杲杲

舉百丈復問五峯併却咽喉唇吻作麽生道五峯云和尚也須併却百丈云無人處斫額望汝頌曰

和尚也併却龍蛇陣上看謀略令人長憶李將軍萬里天邊飛一鶚

舉百丈又問雲巖併却咽喉唇吻作麼生道雲巖云和尚有也未百丈云喪我兒孫頌曰

和尚有也未金毛師子不踞地兩兩三三舊路行大雄山上空彈指

舉僧問馬大師離四句絕百非請師直指某甲西來意馬師云我今日勞倦不能爲汝說問取智藏去僧問智藏藏云何不問和尚僧云和尚教來問智藏云我今日頭痛不能爲汝說問取海兄去僧問海海云我到這裏却不會僧舉似馬大師馬師云藏頭白海頭黑頌曰

藏頭白海頭黑切眼衲僧會不得馬駒踏殺天下人

臨際者是白拈賊離四句絕百非天上人間唯我尊
舉金牛和尚每至齋時自將飯於僧堂前作舞呵
呵大笑云菩薩子喫飯來師云雖然如此金牛不
是好心僧問長慶古人道菩薩子喫飯來意旨如
何長慶云大似因齋慶讚頌曰
白雲影裏笑呵呵兩手持來付與他若是金毛師子
子三千里外見誵訛
舉僧問大光長慶道因齋慶讚意旨如何大光作
舞僧禮拜光云見箇什麼便禮拜僧作舞光云這
野狐精頌曰
前箭猶輕後箭深誰云黃葉是黃金曹溪波浪如相

似無限平人被陸沉
舉鹽官一日喚侍者與我將犀牛扇子來侍者云
扇子破也官云扇子既破還我犀牛兒來侍者無
對投子云不辭將出恐頭角不全師拈云我要不
全底頭角石霜云若還和尚即無也師拈云犀牛
兒猶在資福畫一圓相於中書一牛字師拈云適
來爲什麼不將出保福云和尚年尊别請人好師
拈云可惜勞而無功頌曰
犀牛扇子用多時問著元來總不知無限清風與頭
角盡同雲雨去難追師復云若要清風再覆頭角重
生請禪客下一轉語問云扇子既破還我犀牛兒來

時有僧出[illegible]堂去師獨云抛鈎釣鯤鯨釣得
箇蝦蟆便下座
舉世尊一日陞座文殊白椎云諦觀法王法法王
法如是世尊便下座頌曰
列聖叢中作者知法王法令不如斯會中若有仙陀
客何必文殊下一椎
舉僧從定州和尚會裏到烏臼烏臼問定州法道
何似這裏僧云不別臼云若不別更轉彼中去便
打僧云棒頭有眼不得草草打人臼云今日打着
一箇也又打三下僧便出去臼云屈棒元來有人
喫在僧轉云爭奈杓柄在和尚手裏臼云汝若要

山僧廻與汝僧近前奪曰手中棒打曰三下曰云
屈棒屈棒僧云有人喫在曰云草草打著箇漢僧
便禮拜曰云却與麼去也僧大笑而出曰云消得
渭麼消得渭麼頌曰
呼即易遣即難互換機鋒子細看劫石固來猶可壞
滄溟深處立須乾烏曰老烏曰老幾何般與他拘摒
太無端
舉丹霞問僧甚處來僧云山下來霞云喫飯也未
僧云喫飯了也霞云將飯與汝喫底人還具眼麼
僧無語長慶問保福將飯與人喫報恩有分爲甚
麼不具眼福云施者受者二俱瞎漢慶云盡其機

來還〻成瞎〻石霜云道我瞎著麼頌曰

盡機不成瞎按牛頭喫草四七二三諸祖師寶器持來成過咎過咎深無處尋天上人間同陸沉

舉僧問雲門如何是超佛越祖之譚門云餬餅

頌曰

超譚禪客問偏多縫罅披離見也麼餬餅塞來猶不住至今天下有誵訛

舉古有十六開士於浴僧時隨例入室忽悟水因

諸禪德作麼生會他道妙觸宣明成佛子住也須七穿八穴始得頌曰

了事衲僧消一箇長連床上展脚臥夢中曾說悟圓

通香水洗來驀面唾
舉僧問投子一切聲是佛聲是否投子云是僧云
和尚莫屎沸椀鳴聲子便打又問麤言及細語皆
歸第一義是否子云是僧云喚和尚作一頭驢得
麼子便打頌曰
投子投子機輪無阻放一得二同彼同此可憐無限
弄潮人畢竟還落潮中死忽然活百川倒流鬧濺濺
舉僧問趙州和尚初生孩子還具六識也無州云
急水上打毬子僧復問投子急水上打毬子意旨
如何子云念念不停流頌曰
六識無功伸　問作家曾共辨來端茫茫急水打毬

子落處不停 解看
舉僧問藥山平田淺草麈鹿成羣如何射得麈中
麈山云看箭僧放身便倒山云侍者拖出僧便走
山云弄泥團漢有什麼限師拈云三步雖活五步
須死 頌曰
麈中麈君看取下一箭走三步五步若活成羣趂虎
正眼從來付獵人師高聲云看箭
舉維摩詰問文殊師利何等是菩薩入不二法門
文殊師利曰如我意者於一切法無言無說無示
無識離諸問荅是為入不二法門於是文殊師利
[illegible]詰我等各自說已仁者當說何等是菩薩

入不二法門師云維摩道什麼復云勘破了也

頌曰

咄這維摩老悲生空懊惱臥疾毗耶離全身太枯槁

七佛祖師來一室且頻掃請問不二門當時便靠倒

不靠倒金毛師子無處討

舉僧到桐峯庵主處便問這裏忽逢大蟲又作麼

生庵主便作虎聲僧便作怕勢庵主呵呵大笑僧

云這老賊主云爭奈老僧何僧休去師云是即是

兩箇惡賊只解掩耳偷鈴頌曰

見之不取思之千里好箇斑斑爪牙未備君不見大

雄山下忽相落落聲光皆振地大丈夫見也無収

虎尾兮捋虎鬚

舉雲門大師垂語云人人盡有光明在看時不見暗昏昏作麼生是諸人光明自代云廚庫三門又云好事不如無頌曰

自照列孤明爲君通一線花謝樹無影看時誰不見見不見倒騎牛兮入佛殿

舉雲門大師示衆云藥病相治盡大地是藥那箇是自己頌曰

盡大地是藥古今何太錯閉門不造車通途自寥廓錯錯鼻孔遼天亦穿却

舉玄沙示衆云諸方老宿盡道接物利生忽遇三

種病人來作麼生接患盲者拈槌豎拂他又不見患聾者語言三昧他又不聞患啞者教伊說又說不得且作麼生接若接此人不得佛法無靈驗僧請益雲門門云汝禮拜著僧禮拜起門以拄杖便挃僧退後門云汝不是患盲復喚近前來僧近前門云汝不是患聾乃云還會麼僧云不會門云汝不是患啞其僧於此有省頌曰

盲聾瘖啞杳絕機宜天上天下堪笑堪悲離婁不辨正色師曠豈識玄絲爭如獨坐虛窗下葉落花開自有時復云還會也無無孔鐵鎚

舉雲巖問道吾大悲菩薩用許多手眼作什麼吾

云女人衣中青草裁桃子巖云我會也吾云恁作
麼生會巖云遍身是手眼吾云道即大殺道只得
八成巖云師兄作麼生吾云通身是手眼頌曰
徧身是通身是拈來猶較十萬里展翅鵬騰六合雲
摶風鼓蕩四溟水是何埃壒兮忽生那箇毫氂兮未
止君不見網珠垂範影重重棒頭手眼從何起咄
舉僧問智門如何是般若體門云蚌含明月僧云
如何是般若用門云兎子懷胎頌曰
一片虛凝絕謂情天人從此見空生蚌含玄兎深深
意曾與禪家作戰爭
舉楞嚴經云吾不見時何不見吾不見之處若見

不見自然非彼不見之相若不見吾不見之地自
然非物云何非汝頌曰
全象全牛翳不殊從來作者共名模如今要見黃頭
老剎剎塵塵在半途
舉長慶有時云寧說阿羅漢有三毒不說如來有
二種語不道如來無語只是無二種語保福云作
麼生是如來語慶云聾人爭得聞保福云情知儞
向第二頭道長慶云作麼生是如來語保福云喫
茶去頌曰
頭兮第一第二臥龍不鑒止水無處有月波澄有處
無風浪起稜稜禪客三月禹門遭點額

舉趙州示衆三轉語公曰

泥佛不度水神光照天地立雪如未休何人不雕僞

金佛不度爐人來訪紫胡牌中數個字清風何處無

木佛不度火常思破竈墮杖子忽擊著方知辜負我

舉金剛經云若爲人輕賤是人先世罪業應墮惡道以今世人輕賤故先世罪業則爲消滅頌曰

明珠在掌有功者賞胡漢不來全無伎倆伎倆既無波旬失途瞿曇瞿曇識我也無復云勘破了也

舉天平依和尚行脚時參西院常云莫道會佛法覓箇舉話人也無一日西院遙見召云從漪平舉頭西院云錯平行三兩步西院又云錯平近前西

院云適來這兩錯是西院錯上座錯平云從依錯西院云錯平休去西院云且在這裏過夏待共上座商量這兩錯平當時便行後住謂衆云我當初行脚時被風吹到思明長老處連下兩錯更留我過夏待共我商量我不道恁麼時錯發足南方去時早知道錯了也頌曰

禪家流愛輕薄滿肚參來用不著堪悲堪笑天平老却謂當初悔行脚錯錯西院清風頓銷鑠復云忽有箇衲僧出云錯雪竇錯何似天平錯

舉肅宗帝問忠國師如何是十身調御師云檀越踏毗盧頂上行帝云寡人不會師云莫認自己清

淨法身

一國之師亦強名南陽獨許振嘉聲大唐扶得眞天
子曾踏毗盧頂上行
鐵鎚擊碎黃金骨天地之間更何物三千剎海夜澄
澄不知誰入蒼龍窟
舉僧問巴陵如何是吹毛劍陵云珊瑚枝枝撐著
月頌曰
要平不平大巧若拙或指或掌倚天照雪大冶兮磨
礱不下良工兮拂拭未歇別別珊瑚枝枝撐著月
雪竇顯和尚頌古一百則竟

參學仙都沙門　簡能校勘

雪竇和尚拈古

參學小師　允誠　思恭　集序

至像不形無以應群動圓音非扣無以發異聞苟稱謂之迹遽明必佛祖之機曠達師自壬申歲入夏抵秋旦暮拈提抑揚今古可一百餘則實不請之友者也崇崇之山浩浩之海分嶮列濬愧我不知其極但集而流諸凡著序文仰俟來哲

師舉德山示衆云今夜不荅話問話者三十棒時有僧出禮拜山便打僧云某甲話也未問山云爾是甚處人云新羅人山云未踏船舷好與三十棒法眼拈云大小德山話作兩橛圓明道大小德山龍頭蛇尾

龍頭蛇尾又再舉遶禪牀三匝振錫一下卓然而
立代祖師云未到曹溪與爾三十棒了也
舉仰山指雪師子云還有過得此色者麼雲門云當
時便與推倒師云只解推倒不能扶起
舉香嚴垂語云如人上樹口啣樹枝手不攀枝脚不
踏樹樹下有人問西來意不對則違他所問若對又
喪身失命當恁麼時作麼生即是有虎頭上座云上樹
即不問未上樹請和尚道嚴呵呵大笑師云樹上道
即易樹下道即難老僧上樹也致將一問來
舉僧問魯祖如何是不言言祖云爾口在什麼處僧
云某甲無口祖云將什麼喫飯僧無語師云好劈脊

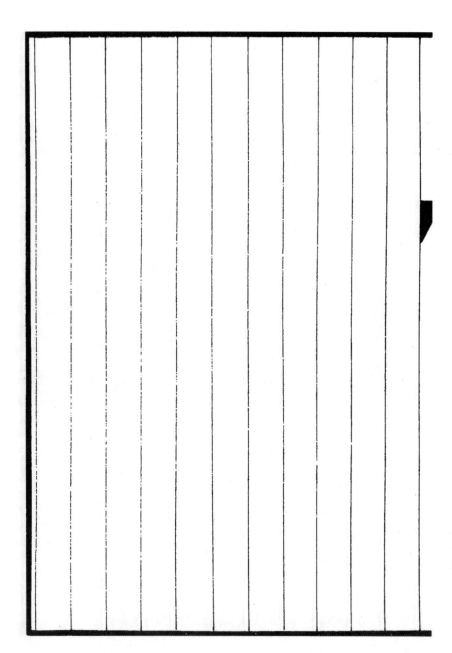

便棒者般漢開口了合不得合口了開不得

舉僧問雪峯古澗寒泉時如何峯云瞪目不見底僧

云飲者如何峯云不從口入僧舉到趙州州云不可

從鼻孔裏入僧却問趙州古澗寒泉時如何州云苦

云飲者如何州云死雪峯聞舉云趙州古佛從此不

荅話師云衆中惣道雪峯不出者僧問頭所以趙州

不肯如斯話會深屈古人雪竇即不然斬釘截鐵本

分宗師就下平高難爲作者

舉僧問西堂和尚有問有荅賓主歷然無問無荅時

如何堂云怕爛却去那僧問長慶有問有荅賓主歷

然無問無荅時如何慶云相逢盡道休官去林下何

曾見一人師云何不與本分草料
舉林際示衆云我於先師處三度喫六十棒如蒿枝子拂相似如今思一頓棒喫誰爲下手僧出衆云某甲下手際拈棒與僧僧擬接際便打師云林際放處較危收來太速
舉欽山一日上堂豎起拳又開云開即爲掌五指參差復握云如今爲拳必無高下還有商量也無一僧出衆豎起拳山云爾只是箇無開合漢師云雪竇卽不然乃豎拳云握則爲拳有高有下復開云開則成掌無黨無偏且道放開爲人好把定爲人好開也造車握也合轍若謂開門造車出門合轍我也知爾向

鬼窟裏作活計

舉僧問睦州高揖釋迦不拜彌勒時如何州云昨日有人問趕出了也僧云和尚恐專甲不實州云拄杖不在苕帚柄聊與三十師云睦州只有受璧之心且無割城之意

舉棗樹問僧近離甚處云漢國樹云漢國天子還重佛法也無僧云苦哉賴值問著某甲問著別人即禍生云作箇什麼僧云人尚不見有何佛法可重云闍梨受戒多少時僧云二十夏云大好不見有人便打師云者僧棒即喫要且去不再來棗樹令雖行爭奈無風浪起

舉趙州問婆子什麼處去云偷趙州筍去州云忽遇趙州又作麼生婆子便掌州便休去師云好掌更下兩掌也無勘處

舉保壽開堂日三聖推出一僧壽便打聖云漝麼為人瞎却鎮州一城人眼去在壽便歸方丈師云保壽三聖雖發明林際正法眼藏要且只解無佛處稱尊當時者僧若是箇漢纔被推出便掀倒禪牀直饒保壽全機也較三千里

舉無業馬祖僧問如何是佛云莫妄想師云塞却鼻孔又問如何是佛云即心是佛師云拄却舌頭

舉僧問德山從上諸聖什麼處去山云作麼作麼僧

云勑點飛龍馬跛鱉出頭來山便休去至來日山浴
出其僧過茶與德山山撫僧背一下僧云者老漢方
始瞥地師云然精金百煉須要本分鉗鎚德山既以
巳妨人者僧還同受屈以拄杖一劃云適來公案且
致從上諸聖什麼處去大衆擬議師一時打趁
舉保福簽瓜次太原孚上座到來福云道得與爾瓜
喫孚云把將來福度一片瓜與孚孚接得便去師云
雖是死蛇解弄也活誰是好手者試請辨看
舉南泉示衆云道非物外物外非道趙州出問如何
是物外道泉便打州云和尚莫打某甲向後錯打人
去在泉云龍蛇易辨衲子難瞞師云趙州如龍無角

似蛇有足當時不管盡法無民直須喫棒了趂出
舉洞山到雲門門問近離甚處山云查渡云夏在甚
處山云湖南報慈云甚時離山云去年八月門云放
爾三頓棒山至來日却上問訊昨日蒙和尚放三頓
棒不知過在什麼處門云飯袋子江西湖南便渇麼
去山於此大悟師云雲門氣宇如王撥著便冰消瓦
解當時若據令而行子孫也未到斷絶
舉一僧叅馬大師師畫一圓相云入也打不入也打
僧便入師便打僧云和尚打某甲不得大師靠却拄
杖休去師云二俱不了和尚打某甲不得靠却拄杖
擬議不來劈脊便打

舉興化問尅賓維那不文爲唱道之首賓云不入者保社化云會來不入不會不入賓云没交涉化便打乃云尅賓維那法戰不勝罰錢五貫充設饡飯至來日齋時興化自白槌云尅賓維那法戰不勝不得喫飯即便趕出師云尅賓要承嗣興化罰錢出院且致却須索取者一頓棒始得且問諸人棒既喫了作麼生索雪賣要斷不平之事今夜與尅賓維那雪屈以拄杖一時打散

舉僧問長慶衆手淘金誰是得者慶云有伎倆者得僧云學人還得也無慶云大遠在師代者僧當時便喝復云有伎倆者得一手分付有伎倆者不得兩手

分付學人還得也無蒼天蒼天
舉大慈示衆云山僧不解答話只是識病時有僧出
大慈便歸方丈師云大凡扶豎宗乘須辨箇得失且
大慈識病不荅話時有僧出便歸方丈雪竇識病不
荅話或有僧出劈脊便打諸方識病不荅話有僧出
必然別有長處敢有一箇動著大唐天子只三人
舉趙州到黃蘗黃蘗見來便關却方丈州云救火救火
黃蘗便出擒住云道道州云賊過後張弓師云直是
好笑笑須三十年忽有箇衲僧問雪竇笑箇什麼笑
賊過後張弓
舉僧問鏡清學人未達其源乞師方便清云是什麼

源云其源清云若是其源爭受方便師云死水裏浸
却有什麼用處侍者問適來成褫伊清云無侍者云
不成褫伊清云無侍者云和尚尊意如何清云一點
水墨兩處成龍師云猶較些子雪竇不是減鏡清威
光要與者僧相見是什麼源其源三十年後與爾三
十棒
舉僧問香林如何是衲衣下事林云臘月火燒山師
云臘月燒山萬種千般翹松鶴泠踏雪人寒達麼不
會大難大難
舉本仁和尚示衆云尋常不欲向聲前句後鼓弄人
家男女何故且聲不是聲色不是色時有僧問如何

是聲不是聲仁云喚作色得麼云如何是色不是色
仁云喚作聲得麼僧禮拜仁云且道爲汝說答汝話
若人辨得有箇入處師云本仁也甚奇恠要且貪觀
天上既非聲前句後且作麼生入
舉雲門示衆云老胡生下一手指天一手指地周行
七步目顧四方天上天下唯我獨尊當時若見一棒
打殺與狗喫却貴圖天下太平師云便與撳倒禪牀
舉國師三喚侍者點即不到侍者三應到即不點將
謂吾辜負汝誰知汝辜負吾瞞雪竇不得雲門道作
麼生是國師辜負侍者處會得也是無端師云元來
不會作麼生是侍者辜負國師粉骨碎身未報得師

云無端無端
復舉僧問投子國師三喚侍者意旨如何投子云抑
逼人作麼師云埰根漢僧問興化化云一盲引衆盲
師云端的瞎僧問玄沙沙云侍者却會師云停囚長
智僧問趙州州云如人暗中書字字雖不成文彩已
彰師便喝僧問雪竇竇便打也要諸方點檢乃成
頌云師資會遇意非輕無事相將草裏行負汝負吾
人莫問任從天下競頭爭
舉僧問智門和尚如何是佛云踏破草鞋赤脚走僧
云如何是佛向上事云拄杖頭上挑日月師云千兵
易得一將難求

舉師祖問南泉摩尼珠人不識如來藏裏親收得如何是如來藏云王老師與爾往來者是藏師云草裏漢祖云不往不來者云亦是藏師云雪上加霜祖云如何是珠師云嶮百尺竿頭作伎倆不是好手者裏著得箇眼賓主互換便能深入虎穴或不恁麼縱饒師祖悟去也是龍頭蛇尾漢

舉僧禮拜雪峯峯打五棒僧云某甲有什麼過峯又打五棒師云雪竇不曾與人葛藤前五棒日照天臨後五棒雲騰致雨爾若辨得也好與五棒

舉馬大師令智藏馳書上徑山山接書開見一圓相於中下一點國師聞舉云欽師猶被馬師惑師云徑

山被惑且致若將呈似國師別作箇什麼技倆免被
惑去有老宿云當時坐却便休亦有道但與劃破若
與麼只是不識著敢謂天下老師各具金剛眼睛廣
作神通變化還免得麼雪竇見處也要諸人共知只
者馬師當時畫出早自惑了也
舉鏡清問僧趙州喫茶去爾作麼生會僧便出去清
云邯鄲學步師云者僧不是邯鄲人爲什麼學唐步
若辨得出與爾茶喫
舉僧問雲門如何是法身向上事云向上與爾道即
不難作麼生會法身僧云請和尚鑒云鑒即且致作
麼生會法身僧云與麼與麼云者箇是長連牀上學

得底我且問爾法身還喫飯麼僧無語師云將成九仞之山不進一簣之土過在什麼處

舉趙州訪茱萸纔上法堂茱萸云看箭州亦云看箭茱萸云過州云中師云二俱作家蓋是茱萸趙州二俱不作家箭鋒不相拄直饒齊發齊中也只是箇射垜漢

舉林際與普化去施主家齋際問毛吞巨海芥納須彌爲復是神通妙用爲復法爾如然化踢倒飯牀際云太麤生化云者裏是甚所在說麤說細際休去至來日又同赴一施主齋際復問今日供養何似昨日化又踢倒飯牀際云太麤生化云瞎漢佛法說什麼

麤細際吐舌師云兩箇老賊喫飯也不了好與二十
棒棒雖行且那箇是正賊
舉三角示衆云若論此事眨上眉毛早是蹉過麻谷
出云蹉過即不問如何是此事角云蹉過谷便掀倒
禪床三角便打師云兩箇有頭無尾漢眉毛未曾眨
上說什麼此事蹉過有僧問眉毛為什麼不眨上師
便打
舉睦州喚僧大德僧迴首州云擔版漢師云睦州只
具一隻眼何故者僧喚既迴頭因甚却成擔版
舉巖頭參德山跨門便問是凡是聖德山便喝巖頭
便禮拜洞山聞舉云若不是奯公大難承當巖頭云

洞山老漢不識好惡當時一手擡一手搦師云然
則德山門下草偃風行要且不能塞斷人口當時纔
禮拜劈脊便打非惟勦絶洞山亦乃把定龕老還會
麼李將軍有嘉聲在不得封矦也是閑
舉巴陵示衆祖師道不是風動不是幡動既不是幡
風向什麼處著有人與祖師作主出來與巴陵相見
師云雪竇道風動幡動既是風幡向甚處著有人與
巴陵作主亦出來與雪竇相見
舉則川與龐居士摘茶次士云法界不容身師還見
我麼川云若不是老師洎與龐公荅話士云有問有
荅蓋是尋常川不管士云適來莫怪相借問麼川亦

不管士喝云者無禮儀漢待我一一舉似明眼人去在川拈茶籃便歸師云則川只解把定封疆不能同生同死當時好與擗下幞頭誰敢喚作龐居士

舉僧問雲門一言道盡時如何門云裂破師彈指三下

舉僧問睦州一言道盡時如何州云老僧在爾鉢囊裏師呵呵大笑

舉本生和尚以拄杖示衆云我若拈起爾便向未拈起時作道理我若不拈起爾便向拈起時作主宰且道老僧爲人在甚處時有僧出云不敢妄生節目生云也知闍梨不分外僧云低低處平之有餘高高處觀之不足生云節目上更生節目僧無語生云掩鼻

偷香空招罪犯師云者僧也善能切磋爭奈弓折箭
盡然雖如此且本生是作家宗師拈起也天迴地轉
應須拱手歸降放下也草偃風行必合全身遠害還
見本生爲人處也無師復拈起拄杖云太平本是將
軍致不許將軍見太平
舉僧問雪峯聲聞人見性如夜見月菩薩人見性如
晝見日未審和尚見性如何峯打三下其僧復問巖
頭巖頭打三掌師云應病設藥且與三下若據令而
行合打多少
舉太原孚上座參雪峯至法堂上顧視雪峯便下看
知事師云一千五百人作家宗師被孚老一覷便高

竪降旗乎至來日入方丈云昨日觸忤和尚峯云知是般事便休師云果然僧問雲門作麼生是觸忤處門便打師云打得百千萬箇有什麼用處直須盡大地人喫棒方可扶竪雪峯且道太原孚具什麼眼

舉安國問僧得之於心伊蘭作栴檀之樹失之於旨甘露乃蒺藜之園我要箇語具得失兩意僧竪起拳云不可喚作拳頭國云只爲喚作拳頭師云無繩自縛漢拳頭也不識

舉僧請益雲門大師玄沙三種病人話門云爾禮拜著僧禮拜起門以拄杖便挃僧退後門云爾不是患盲復喚近前來僧近前門云爾不是患聾乃云還會

麼僧云不會門云爾不是患瘂僧於此有省師便喝
云者盲聾瘖瘂漢若不是雲門驢年去如今有底或
拈槌竪拂不管教近前又不來還會麼不應諸方還
奈何得麼雪竇若不奈何爾者一隊驢漢又堪作箇
什麼以拄杖一時打趂

舉僧問香嚴如何是王索仙陀婆嚴云過者邊來師
云鈍致煞人僧問趙州王索仙陀婆時如何州曲躬
叉手師云索鹽奉馬

舉鼓山示衆云若論此事如一口劍時有僧問承和
尚有言若論此事如一口劍和尚是死屍學人是死
屍如何是劍山云拕出者死屍僧應喏歸衣鉢下打

撲便行山至晚問首座問話僧在否座云當時便去
也山云好與二十棒師云諸方老宿總道潙山失却
一隻眼殊不知重賞之下必有勇夫然雖如此若子
細點檢來未免一時埋却
舉睦州問武陵長老了即毛端吞巨海始知大地一
微塵作麽生云和尚問誰州云問長老云何不領話
州云我不領話爾不領話師云墮也墮也復云者葛
藤老漢好與劃斷拈拄杖云什麽處去也
舉仰山坐次大禪佛到翹一足云西天二十八祖亦
如是唐土六祖亦如是和尚亦如是某甲亦如是山
下禪牀打四藤條師云藤條未到打折因什麽口巽

四下須是箇斬釘截鐵漢始得大禪猶到蘆山自云
集雲峯下四藤條天下大禪佛參山云打鍾著羅便
走師云者漢雖見機而變爭奈有頭無尾
舉玄沙與天龍入山見虎龍云前面是虎沙云是汝
師云要與人天為師前面端的是虎
舉南泉山下有一庵主行僧經過謂庵主云近日南
泉和尚出世何不去禮拜主云非但南泉直饒千佛
出興亦不能去泉聞令趙州去看州見便禮拜主不
管州從西過東主亦不管州又從東過西主亦不管
州云草賊大敗拽下簾子便行歸舉似南泉泉云從
來疑著者漢師云大小南泉趙州被箇擔板漢勘破

了也
舉僧問風穴語嘿涉離微如何通不犯穴云常憶江南三月裏鷓鴣啼處百花鮮曾有僧問雪竇對他道劈腹剜心又且如何復云因風吹火別是一家傷鼇恕龜必應有主
舉巖頭雪峯欽山到德山欽山問天皇也恁麼道龍潭也恁麼道未審德山作麼生道山云爾試舉天皇龍潭底看欽山擬議德山便打欽山被打歸延壽堂云是即是打我太煞巖頭云爾恁麼他後不得道見德山師云諸禪德欽山致箇問端甚是奇特爭奈龍頭蛇尾爾試舉天皇龍潭底看坐具便摵大丈夫漢

捋虎鬚也是本分他旣不能德山令行一半令若盡
行雪峯巖頭揔是涅槃堂裏漢
舉僧問智門和尚如何是般若體云蚌含明月僧云
如何是般若用云兎子懷胎師云非唯把定世界亦
乃安貼邦家若善能叅詳便請丹霄獨步
舉烏臼有玄紹二上座到臼云二禪伯近離甚處云
江西臼便打僧云久聞和尚有此機要臼云爾旣不
會第二箇近前來僧擬議臼亦打云同坑無異土叅
堂去師云宗師眼目須至恁麼如金翅擘海直取龍
吞有般漢眼目未辨東西拄杖不知顛倒只管說照
用同時人境俱奪

舉僧辭大隨隨問甚處去云峩眉禮拜普賢去隨竪起拂子云文殊普賢揔在者裏僧畫一圓相拋於背後隨云侍者將一貼茶與者僧雲門別云西天斬頭截臂者裏自領出去師云煞以刀活人劍具眼底辨

舉雪峯問僧見說大德曾爲天使來是否云不敢峯云爭解與麼來德云仰慕道德豈憚關山峯云汝猶醉在出去僧便出峯乃召大德僧迴首峯云是什麼僧亦云是什麼峯云者漆桶僧無語峯却顧謂鏡清云好箇師僧向漆桶裏著到清云和尚豈不是據欵結案峯云也是我尋常用底忽若喚迴是什麼被他道者漆桶又作麼生清云成何道理峯云我與麼及

伊爾又道據款結案他與麼及我又道成何道理一等是什麼時節其間有得不得清云不見道醍醐上味爲世所珎遇此之人飜成毒藥師云看他父子相投言氣相合知者謂粉骨碎身此恩難報不知者謂扶高抑下臨危悚人毒藥醍醐千載龜鑑還會麼普漆桶

舉僧問大梅如何是祖師西來意梅云西來無意僧舉到鹽官官云一箇棺材兩箇死漢玄沙聞舉云鹽官是作家師云三箇也得

舉雲門問新羅僧爾是甚處人云新羅人門云將什麼過海云草賊大敗門云爲什麼在我手裏云恰是

門云一任敎趙師云雲門老漢龍頭蛇尾放過者僧
爲什麽在我手裏恰是勞脊便打
舉北禪問僧近離甚處云黃州禪云夏在甚處云資
福禪云福將何資云兩重公案禪云爭奈在我手裏
云在手裏即收取禪便打者僧不甘隨後趂出師云
奇怪宛有超師之作還知者僧麽只解貪前不能顧
後若在雪竇手裏棒折也未放在
舉睦州示衆云我見百丈不識好惡大衆方集以拄
杖一時打下復召大衆大衆廻首丈云是什麽有什
麽共語處黃蘗和尚大衆方集以拄杖一時打下復
召大衆大衆廻首蘗云月似彎弓少雨多風猶較

子師云說什麼猶較直是未在若據雪竇衆集一[illegible]
打下便休或有箇無孔鐵槌爲衆竭力善能擔荷可
以籠罩古今乾坤把斷師驀拈拄杖云放過一著
舉玄沙見鼓山來作一圓相山云人人出者箇不得
沙云情知爾向驢胎馬腹裏作活計山云和尚又作
麼生玄沙云人人出者箇不得山云和尚渭麼道得
某甲爲什麼不得沙云我得爾不得師云只解貪觀
白浪不知失却手橈
舉南泉示衆云王老師賣身去也還有人買麼一僧
出衆云某甲買泉云不作貴不作賤作麼生買僧無
語卧龍代云和尚屬某甲禾山云是何道理趙州云

明年與和尚作領布衫師云雖然作家競買要且不解輸機且道南泉還肯麼雪竇也擬酬箇價直令南泉進且無門退亦無地不作貴不作賤作麼生買別處容和尚不得

舉茱萸把一橛竹上堂云還有虛空裏釘得橛麼時有靈虛上座出云虛空是橛茱萸便打虛云莫錯打某甲茱萸休去師云若要此話大行直須打了趂出

舉夾山與定山同行言話次定山云生死中無佛則無生死夾山云生死中有佛則不迷生死互相不肯同上大梅相見了具說前事夾山問未審那箇親那箇踈梅云一親一踈山又問那箇親梅云且去明日

夾　夾山至來日又問未審那箇親梅云親者不問問者不親夾山住後云我當時在大梅失却一隻眼師云夾山畢竟不知換得一隻眼大梅老漢當時聞舉若以棒一時打出豈止劃斷兩人葛藤亦乃為天下宗匠

舉僧問保福雪峯平生有何言句得似羚羊挂角時福云我不可作雪峯弟子不得師云一千五百箇布衲保福較些些子

舉僧問長慶羚羊未挂角時如何慶云草裏漢云挂角後如何慶云亂叫喚云畢竟如何慶云驢事未了馬事到來師云寧可碎身若微塵終不瞎箇衆生眼

長慶較些些子後云一般漢設使羚羊未挂角也似
萬里望鄉關
舉僧問巴陵祖意教意同別陵云雞寒上樹鴨寒下
水僧問睦州祖意教意同別州云青山自青山白雲
自白雲師云問既一般荅亦相似其中有利他自利
瞞人自瞞若點檢分明曾取解空第一
舉趙州示衆云今夜荅話去有解問者出來時有僧
出州云比來拋塼引玉引得箇墼子法眼和尚遂乃
舉問覺鐵觜先師意作麼生覺云如國家拜將乃問
甚人去得時有人出云某甲去得云爾去不得法眼
云我會也師云俐利漢聞舉便知落處然雖如此放

過覺鐵觜角夫宗師語不虛發出來必是作家因什麼
拋塼引墼諸禪德要識趙州麼從前汗馬無人見只
要重論蓋代功
舉躭源辭國師歸省覲馬祖於地上作一圓相展坐
具禮拜祖云子欲作佛去源云某甲不解揑目祖云
吾不如汝師云然猛虎不食其子爭奈來言不豐諸
人要識躭源麼只是箇藏身露影漢
舉溈山問仰山甚處來云田中來溈云田中多少人
山插下鍬子叉手而立溈云南山大有人刈茆山拈
得鍬子便行玄沙云我當時若見與踏倒鍬子鏡清
云不奈船何打破戽斗僧問明招古人意在插鍬處

叉手處招喚某專甲僧應喏招云還曾夢見仰山麼
師云諸方老宿咸謂揷鍬話奇特也大似隨邪逐惡
若據雪竇見處仰山被溈山一問直得草繩自縛去
死十分
舉玄沙問僧近離甚處云瑞巖沙云瑞巖有何言句
僧云長喚主人翁自云諾惺惺著他後莫受人瞞沙
云一等是弄精魂甚奇恠却云何不且在彼中僧云
瑞巖遷化也沙云如今還喚得應麼無對師云蒼天
蒼天
舉雪峯問僧近離甚處云覆船峯云生死海未渡爲
什麼覆船師代云久嚮雪峯待者老漢擬議拂袖便

行真僧當時無語歸舉似覆船船云何不道渠無生死僧再至雪峯舉此語峯云此不是爾語云是覆船恁麼道峯云我有二十棒寄與覆船二十棒老僧自喫不干闍梨事師云能區能別能煞能活若也辨得天下横行

舉德山圓明示衆云但有問荅只竪一指頭寒則普天普地寒師云什麼處見俱胝老熱則普天普地熱師云莫錯認定盤星森羅萬像徹下孤危大地山河通上嶮絕甚麼處得一指頭禪

舉僧問南院從上諸聖什麼處去院云不上天堂即入地獄云和尚作麼生院云還知寶應老落處麼僧

擬議院以拂子驀口打復喚僧近前云令合是爾行
又打一拂子師云令既自行且拂子不知來處雪竇
道箇瞎且要雪上加霜
舉保福問長慶盤山道光境俱忘復是何物洞山道
光境未忘復是何物據二老宿恁麼得勦絕作麼生
道得勦絕去慶良久福云情知向鬼窟裏作活計慶
云爾作麼生福云兩手扶犁水過膝師云俱忘未忘
恁由我保福因什麼道未得勦絕酌然能有幾箇諸
人又作麼生道免得長慶在鬼窟裏師云柳絮隨風
自西自東
舉六梅聞鼯鼠鳥聲謂衆云即此物非他物汝善護

特吾當逝矣師云者漢生前莽鹵死後顢頇即此物非他物是何物還有分付處也無有般漢不解截斷大梅脚跟只管道貪程太速

舉雪峯示衆云望州亭與爾相見了也烏石嶺與爾相見了也僧堂前與爾相見了也保福問鵝湖僧堂前且致望州亭烏石嶺什麼處相見鵝湖驟步歸方丈保福便入僧堂師云二老宿是即是只知雪峯放行不見雪峯把定忽有箇衲僧出問未審雪竇作麼生豈不是別機宜識休咎底漢還有望州亭烏石嶺相見底衲僧麼良久云擔版禪和如麻似粟

舉趙州問大慈般若以何為體慈云般若以何為體

州呵呵大笑至來日州掃地次大慈却問般若以何
爲體州放下掃箒呵呵大笑師云前來也笑後來也
笑笑中有刀大慈還識麼直饒識得也未免喪身失命
舉德山一日飯遲自掌鉢至法堂上雪峯見云者老
漢鍾未鳴鼓未響托鉢向什麼處去德山便迴峯舉
似巖頭頭云大小德山不會末後句山聞舉令侍者
喚巖頭至方丈問爾不肯老僧那巖頭密啓其意山
至來日上堂與尋常不同巖頭到僧堂前撫掌大笑
云且喜得老漢會末後句他後天下人不奈何雖然
如此只得三年明招代德山云咄咄没處去没處去
師云曾聞說箇獨眼龍元來只有一隻眼殊不知德

山是箇無齒大蟲若不是巖頭識破爭得明日與昨
日不同諸人要會末後句麼只許老胡知不許老胡
會
舉雪峯一日見獼猴乃云者獼猴各各背一面古鏡
三聖便問歷劫無名何以彰爲古鏡峯云瑕生也聖
云一千五百人善知識話頭也不識峯云老僧住持
事煩師云好與二十棒者棒放過也好免見將錯就錯
舉僧問國師如何是本身盧舍那云與老僧過淨瓶
來僧將到淨瓶云却安舊處著僧復問如何是本身
盧舍那云古佛過去久矣雲門大師道無朕跡師云
直得一手指天一手指地爭得無遜會麼雲在嶺頭

閑不徹水流澗下大忙生

舉僧問洞山時時勤拂拭莫遣惹塵埃爲什麼不得他衣鉢山云直饒道本來無一物也未合得他衣鉢且道什麼人合得僧下九十六轉語皆不相契末後云設使將來他亦不要洞山深肯師云他旣不受是眼將來底必應是瞎還見祖師衣鉢麼若於此入門便乃兩手分付非但大庾嶺頭一箇提不起設使闔國人來且款款將去

舉僧問投子依稀似半月髣髴若三星乾坤收不得師於何處明子云道什麼云怨師只有湛水之波且無滔天之浪子云閑言語師云投子古佛不可道不

知若點撿來直是天地懸隔纔問便和聲打

舉洛浦久爲林際侍者到夾山問自遠趨風乞師一接山云目前無闍梨此間無老僧浦便喝山云住住闍梨莫草草忩忩雲月是同溪山各異截斷天下人舌頭即不無爭教無舌人解語無對山便打師云者漢可悲可痛鈍致他林際他既雲月是同我亦溪山各異說什麼無舌人不解語坐具劈口便摑夾山若是箇知方漢必然明窻下安排

舉三聖問雪峯透網金鱗以何爲食峯云待汝出網來向汝道聖云一千五百人善知識話頭也不識峯云老僧住持事煩師云可惜放過好與二十棒者棒

一棒也饒不得直是罕遇作家
舉伏牛爲馬祖馳書到國師處國師問馬祖有何言句示人牛云即心是佛國師云是什麼語話良久再問更有什麼言句牛云不是心不是佛不是物國師云猶較些子師代當時便喝牛却問和尚此間如何國師云三點如流水曲似刈禾鐮師云是什麼語話也好與一撥見之不取千載難忘
舉玄沙問鏡清我不見一法爲大過患爾道不見什麼法清指露柱云莫是不見者箇法麼沙云浙中清水白米從爾喫佛法則未在師云大小鏡清被玄沙熱瞞我當時若見但只向道靈山授記也未到如此

舉先報慈問僧近離甚處云卧龍慈云在彼多少時
云經冬過夏慈云龍門無宿客爲什麼在彼許多時
云師子窟中無異獸慈云爾試作師子吼看云若作
師子吼即無和尚慈云念汝新到且放三十棒師云
奇恠諸禪德若平展則兩不相傷據令則彼此俱喪
還點撿得麼

舉船子云千尺絲綸直下垂一波纔動萬波隨夜靜
水寒魚不食滿船空載月明歸師云者漢勞而無功
忽若雲門道一句合頭語萬劫繫驢橛又作麼生免
此過良久云莫謂水寒魚不食如今釣得滿船歸

舉投子問巨榮禪客老僧未曾有一言半句挂諸方

耳目何用要見山僧僧云到者裏不施三拜要且不
甘子云出家兒得恁麼沒碑記僧遶禪床一匝而出
子云有眼無耳深六月火邊坐師云也不得放過纔
轉便與擒住便喝是誰不甘若跳得出不妨是一員衲僧
舉祖師道六塵不惡還同正覺拄杖子是塵有甚麼
過過既無應合辨主所以道糞掃堆上現丈六金身
且拈在一邊赤肉團上壁立千仞又放過一著直饒
八面四方正好連架打
舉古云眼裏著沙不得耳裏著水不得忽若有箇漢
信得及把得住不受人瞞祖佛言教是什麼熱椀鳴
聲便請高挂鉢囊拗折拄杖管取一員無事道人又

云眼裏著得須彌[illegible]云[illegible]海水一缾[illegible]
商量祖佛言教如龍得水似虎靠山却須挑起鉢囊
橫擔拄杖亦是一負無事道人復云恁麼也不得不
恁麼也不得然後没交涉三負無事道人中要選一
人爲師

雪竇拈古一百則竟

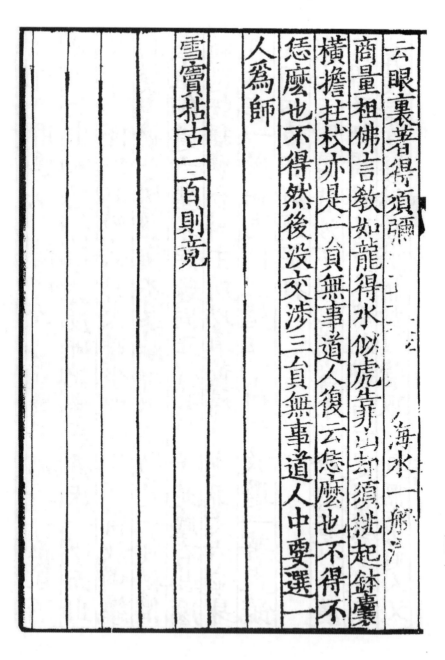